Klaus Hamburger

Danke, Frère Roger

Persönliche Erinnerungen
an den Gründer von Taizé

Mit Skizzen von Wolfram Heidenreich

Meiner Mutter

Allen, die an diesem Buch Freude haben

gutes leben
bene!

Inhaltsverzeichnis

Ankunft

Kindersegen

Ein stattlicher Stubenwagen steht im halbdunklen Zimmer des verwinkelten Appartements im 6. Pariser Arrondissement. Wir sind von Notre-Dame herübergekommen, von einem Abendgebet, bei dem die Kathedrale bis auf den letzten Platz besetzt war und auf der mächtigen Orgel Gesänge begleitet wurden, bei denen alle mitsingen konnten. Jugendliche aus ganz Europa sind an jenem Dezemberabend in der französischen Hauptstadt, und der Kardinal hatte seiner Ortskirche zugerufen, aufzuwachen und dankbar wahrzunehmen, dass Jugendliche von überallher zu ihr gekommen sind.

Frère Roger hatte vor den Altarstufen sitzend von Indien erzählt, wo er einige Wochen verbracht hat. Es geht nicht um Europa, das damals in zwei Blöcke zerrissen ist, sondern um die ganze Erde. In Indien hatte er sich zusammen mit jungen Leuten in den Heimen Mutter Teresas um Kinder gekümmert, die ohne menschliche Zuwendung auch einen lauen indischen Winter nicht überlebt hätten. Eines von ihnen, ein sechs Monate altes Mädchen, schloss er spontan ins Herz.

Mutter Teresa, die ein Gespür für einmalige Situationen hatte und wusste, wem man vertrauen konnte, legte es ihm einfach in die Arme. Sie scheute keine Mühe, einen Pass für dieses Kind zu besorgen, was angesichts zwielichtiger Adoptionen in Indien schon damals schwierig war. Frère Roger konnte die Kleine im Flugzeug über Rom nach Paris mitnehmen. Als er mit ihr im Arm die Gangway hinunterstieg, blies ihm der Wind ins Gesicht. Er war müde, weil er in Indien nicht gut geschlafen hatte. Er hatte stets einen leichten Schlaf.

Nun aber war das Kind in seinem Bettchen in duftigen Kissen geborgen. Geneviève, die jüngste Schwester Frère Rogers, war nach Paris gereist, um zu helfen. Sie hatte in dem kleinen burgundischen Dorf Taizé schon eine Generation vorher Kriegswaisen aufgezogen.

Ich trat näher, schaute lange in den Stubenwagen und konnte mich nicht losreißen. Ein winziges, tiefbraunes Gesicht in der weichen weißen Kissenlandschaft, die Augen im Schlaf geschlossen. Gerade noch auf irgendeiner Pritsche in einem armen, lauten Stadtteil von Kalkutta, wo das Leben eines Mädchens nicht viel wert war, und nun geborgen, wie ich es als Kind selbst erlebt hatte.

Es müssen mir Bilder durch den Kopf gegangen sein, die ich aus meinem eigenen Fotoalbum kannte. Als Baby mit meiner Mutter, die einen Morgenmantel trägt, in einem Zimmer mit formschönen Möbeln der Fünfzigerjahre des letzten Jahrhunderts. Unser Wohnzimmer, mein Wohnzimmer, in dem, wie auf anderen Fotos zu sehen ist, ein Adventskranz auf dem Tisch stand, bevor ihn der Christbaum in der Zimmerecke ablöste. Ich freute mich für dieses Kind und das Glück, das ihm widerfuhr. Frère Roger muss mich beobachtet haben, ich hatte es nicht bemerkt.

Kurz darauf, als wir nach Taizé zurückgekehrt waren, fragte er mich, ob ich bereit wäre, mich um die kleine Marie zu kümmern. Das war mehr, als ich je erwarten konnte. Kaum ein Vierteljahr vorher hatte ich mich seiner Gemeinschaft angeschlossen, war ein Bruder wie er und bekam nun den schönsten Auftrag – eine Aufgabe, die kein Kloster zu vergeben hat, die aber bei ihm in Taizé möglich war: Ich kümmerte mich im Vorraum von Frère Rogers

Zimmer um ein Kind, als wäre es mein eigenes, mit einer Liebe, die nach dem Evangelium dem Umgang mit Kindern zukommt.

Ich war froh, dass damals schon die Einwegwindeln erfunden waren und es einen Apparat gab, in dem man gleichzeitig sechs Fläschchen sterilisieren konnte. Ich wusste, wie man die Nahrung anrührt, und hatte gesehen, wie meine Mutter, die noch ein Kind bekam, als ich schon sieben Jahre alt war, das Fläschchen an das geschlossene Augenlid hielt, um sicher zu sein, dass die Milch nicht zu heiß war.

Bald fand ich heraus, wie man auch ein nervöses Baby – kein Wunder, bedenkt man, was die Kleine in den ersten sechs Monaten nach ihrer Geburt durchlebt hatte – zum Einschlafen bewegen konnte. Ich stellte mich mit ihr vor eine alte burgundische Wanduhr. Während das Pendel gleichmäßig hin- und herschwang sagte ich immer wieder leise ticktack, ticktack, bis Marie, des Schreiens müde, widerstandslos aus der Wiege meiner Arme in ihr Bettchen sank und sofort regelmäßig atmend schlief.

Das Mädchen wog für sein Alter viel zu wenig. Ich konnte es in einem Handwaschbecken baden, so schmächtig war es. Ein Kinderarzt wurde gerufen. Maries Leben stehe trotz der Aufbaukost, die sie bekam, und bei aller Fürsorge immer noch auf der Kippe, gab er vorsichtig zu verstehen.

Frère Roger saß tagsüber stundenlang neben dem Bettchen. Mit der rechten Hand beschrieb er Blätter auf seinen Knien, mit der linken hielt er das Händchen des Kindes. Später sagte er zu mir, er habe auch in diesen Wochen nicht infrage gestellt, dass Gott die Liebe ist. Das Leben der Kleinen sei für ihn eine Gottesgabe. Solange sie in seiner Nähe sei, wolle er sie nicht mit Zweifeln oder Wehklagen behelligen. Selbst wenn das Kind nur kurze Zeit auf der Erde weilte, sollte es Vertrauen erleben, von Menschen umgeben sein, die auf die Liebe Gottes setzen. Ich hatte bis dahin niemanden kennengelernt, der so innig an Gott und seiner Güte hing, sie so vollkommen verinnerlicht hatte.

Wir erlebten eine einzigartige Weihnachtszeit. Frère Roger ließ keine Gelegenheit aus, sich an der Anwesenheit der Kleinen zu erfreuen, und konnte sich dennoch zurückziehen, um sich von den Strapazen der langen Reise zu erholen. Aus seinem Zimmer klangen das Weihnachtskonzert von Corelli herüber und französische Weihnachtslieder wie »Entre le bœuf et l'âne gris« – »Zwischen dem Ochs und dem grauen Esel«. Es wärmte einem das Herz.

An einem Spätnachmittag hatte Frère Roger in seinem Zimmer Kinder aus dem verschneiten Dorf zu Gast. In den Fächern eines Schranks türmten sich allerlei Geschenke, die er bei Einkaufstouren auf vielen seiner Reisen zusammengetragen hatte.

Nach Epiphanias, dem Fest der Erscheinung des Herrn, zog das kleine Mädchen, dessen Genesung bald Fortschritte machte, in das Haus von Frère Rogers Schwester, in eine Familie mit kleinen Kindern.

Auch als Marie größer wurde, verging kein Tag, an dem sie Frère Roger nicht in seinem Zimmer besuchte. Dort gaben sich Brüder und Gäste die Türklinke in die Hand. Das Kind verfolgte das Geschehen mit großen Augen. Einmal, da meldeten sich schon die ersten Zähne, spielte es unter dem Tisch, an dem Frère Roger die Gespräche zu führen pflegte. Munter kaute es auf den untersten

Knöpfen der Soutane eines katholischen Bischofs herum, der dem Prior derweil schwierige Fragen stellte.

Frère Roger war Maries Pate. Auch als sie in die Schule kam, sorgte er sich um alles, was sie brauchte. Sie fuhr mit ihm zu unzähligen Abenden, an denen er in den großen Kirchen europäischer Städte Wortgottesdienste hielt. Da saß sie an seiner Seite, schlief bisweilen während der Ansprache ein und war wieder wach, wenn er mit den Jugendlichen anschließend noch Gespräche führte. Sie hatte eine Aufgabe. Mit ihr, so bekannte Frère Roger einmal, fühle er sich unter den vielen Menschen nicht allein.

Frère Roger mit seinem Patenkind Marie

Noch in späteren Jahren wusste sie seinen Rat zu schätzen und schlug doch selbstbewusst ihren eigenen Weg ein. Als sie studierte und heiratete, konnte sie nicht mehr in Taizé wohnen. Die Nähe zu ihrem Paten blieb eine innige Verbindung. Sie bekam nach ihrer

13

Ausbildung eine Tochter, die sich ihrerseits ohne Scheu in der Gemeinschaft derer bewegte, die mit Frère Roger zusammenlebten. Bei seinem jähen Tod war Marie noch keine dreißig Jahre alt. Sie trauerte um ihn wie vielleicht niemand sonst auf der Welt.

Abwesenheitsnotiz

Wenn ein Papst zu segnen vergisst, muss etwas Schwerwiegendes vorgefallen sein. Als die Heiligen Väter sich noch nicht wieder einfach Bischof von Rom nannten, dafür im Hochsommer in Castel Gandolfo residierten, geschah das, am dritten Mittwoch im August 2005.

*

Auf dem kleinen Balkon über dem Eingangsportal der Residenz steht unter einer großen Uhr an der Fassade ein weiß gekleideter Mann mit einem Blatt Papier in der Hand. Bestürzt eröffnet er der Menge, die sich auf dem Platz davor zusammengeschoben hat, er könne es kaum fassen, aber am Vorabend sei ein Mann getötet worden, von dem er gerade noch ein Schreiben erhalten habe. Der Schock steht ihm, der so gar nicht für das Unberechenbare gemacht ist, ins Gesicht geschrieben.

Unruhe ist dem Kirchenmann von jeher zuwider, wie man in seiner bayerischen Heimat sagt. Als Professor für Theologie ging er auf und davon, als 68er-Studenten an seiner Universität die ersten Vorlesungen sprengten. Kann denn nichts bewahrt werden, ist man nirgendwo geborgen? Ein Mord an einem Ort, der ganz im Zeichen der Versöhnung und des Friedens steht, an einem alten, weisen Mann, der gegen niemanden die Hand erhob? Eine Gewalttat durch eine Frau, die nicht einmal religionspolitische Absichten verfolgt, sondern bei aller Verwirrtheit ein anspruchsvolles geistliches Leben führen will, was sie von Kloster zu Kloster treibt?

»Herr, lass den Toten ruhen im Frieden, den die Welt nicht geben kann«, sagt die weiße Gestalt auf dem Balkon, wendet sich um, verschwindet im Dunkel der Gemächer und ist im Nu zurück. Auf dem Platz sind viele schon auf die Knie gesunken. Sie beten das Angelus-Gebet des Papstes mit und empfangen mit gesenktem Kopf den ersehnten Apostolischen Segen.

*

Ein nach römisch-katholischen Kategorien rangniedriger Laienbruder aus Burgund hatte Papst Benedikt XVI. in seinem Schreiben mitgeteilt, dass er zu geschwächt sei, um ihn auf einem internationalen Treffen, dem sogenannten Weltjugendtag, wiederzusehen. Das wäre tags darauf in Köln gewesen. Der kleine Bruder und der große Kirchenmann hatten eines gemeinsam: Elektrogitarrenriffs im Gottesdienst lehnten sie ab. Ihr Verhältnis zu jungen Leuten konnte indes unterschiedlicher kaum sein. Joseph Ratzinger hatte streng genommen keines, sieht man von den Studenten ab, die zu seinen Schülerkreisen zugelassen wurden. Bei Frère Roger war das ganz anders. Für ihn verging bis ins hohe Alter kein Tag ohne Gespräche mit unterschiedlichsten jungen Frauen und Männern aus allen Himmelsrichtungen.

Er hatte in einem Landstrich, wo Burgund fast menschenleer ist, dauerhaft den Übergangszustand einer Zeltstadt geschaffen.

Dort machten im Lauf der Jahrzehnte nach dem Zweiten Weltkrieg Millionen junger Leute aus aller Welt einen Zwischenhalt, der sich tief in ihren Lebensweg einschnitt. Sie fuhren aus Taizé anders weg, als sie gekommen waren, ohne recht erklären zu können, warum.

Ungewohnt war für viele von ihnen die erfrischende Erfahrung, dass sie in Taizé nicht auf Kreise von Gleichgesinnten trafen, sondern auf ganz anders Geprägte, die längst nicht alle ihre Heimatkirche von innen kannten. Das machte ihr Leben weit. Sie erfuhren, dass sich in Taizé, gerade in den Gottesdiensten, wie von selbst zusammenfügte, was anderswo, auch auf Weltjugendtagen, die nicht der Ökumene verpflichtet sind, ängstlich, bisweilen herzlos auseinandergehalten werden sollte. Das machte ihr Leben tief. Längst verständigten und verstanden sich in dem Dorf nördlich des Beaujolais christliche und nichtchristliche Jugendliche aller Couleur, ohne auf eine Weltinitiative von Kirchenamts wegen gewartet zu haben.

Ihre Tagebucheinträge, Skizzen und Schnappschüsse füllen zahllose bunt eingebundene Hefte und Alben der Sechziger-, Siebziger- und Achtzigerjahre. Heute tummeln sich, fröhlich gepostet von ihren Kindern und Enkeln, deren Eindrücke und Berichte in allen Spalten und Ritzen des Internets.

Es gibt keine »Selfies« mit Frère Roger. Dazu starb er zu früh. Die Kurzvideos, auf denen Jugendliche heute nach allen Regeln der Kunst durch Taizé rappen, konnte er sich nicht mehr vorspielen lassen. Was zu seinen Lebzeiten über seine fünfundsechzig Jahre in Taizé dokumentiert wurde, ließ er links liegen, kartonweise Fotos, Tondokumente auf Spulen, Kassetten und Festplatten, schwarz-weiße, später farbig aufgezeichnete Fernsehsendungen, zahllose Zeitungsausschnitte, wohlgesinnte und kritische Bücher.

Er fürchtete, sich selbst im Weg zu stehen oder den Bildern nachzueifern, die andere sich von ihm machten. Er wollte unverbildet bleiben, weder besonders selbstbezogen noch abgelenkt durch Lob und Tadel. Wenn man von diesem Entschluss abrückt, warnte er immer wieder, stirbt man geistlich, wird man geistlos. Es ist Frère Roger zu Lebzeiten wohl verborgen geblieben, wie tief er in die Herzen vieler Menschen fand, denen er manchmal nur flüchtig begegnen konnte. Dass es besser sei, nicht so genau zu wissen, was man anderen bedeutet, wie man auf andere wirkt, stand für ihn fest.

*

Seinen Lebensweg leiteten zwei Überzeugungen. Die Christen müssten sich versöhnen, schon allein der Welt zuliebe. Und: Man kann nur unter schwierigen Verhältnissen schöpferisch sein. So machte sich der 1915 geborene Schweizer Pastorensohn, der mit sieben Geschwistern aufgewachsen war, im Jahr 1940 aus der behüteten Schweizer Heimat auf in das Kriegsgebiet Frankreich. Er hatte Theologie studiert und während einer schweren Krankheit lange über den Sinn des Lebens nachgedacht, war fromm und politisch wach geworden.

Fromm hieß für ihn, über die Grenzen seiner Konfession hinauszugehen. Er entschloss sich, mit Christen verschiedener Herkunft zusammenzuleben, und erwarb dafür eine bis dahin unverkäufliche Liegenschaft in der Nähe der weltbekannten Abteiruine von Cluny. Notdürftig richtete er das Haus für eine Gemeinschaft von Männern her, in einer Gegend, die einst gespickt mit Mönchen war. Politisch wach bedeutete, dass er in diesen Jahren, bisweilen unter Lebensgefahr, Menschen beistand, die vor seiner Tür unter Krieg, Besatzung, Kollaboration und Gefangenschaft litten, Juden und andere Verfolgte der Nazi-Terrorherrschaft.

Als die Zeiten besser wurden und man wieder ungehindert reisen konnte, sprach sich sein mutiger Versuch schnell herum. In der zweiten Hälfte des letzten Jahrhunderts wurde der winzige Ort Taizé vom Rückzugsort für eingeweihte Einzelgäste zu einem schier unumgänglichen Anlaufpunkt für junge Leute, die, der Welt und dem Leben zugewandt, nicht davor zurückschrecken, dreimal am Tag in einer Kirche zu beten.

Danke, Frère Roger

In der Nacht und am Tag nach dem Attentat zeigt sich beim Weltjugendtag in Köln mit der Unaufhaltsamkeit eines Naturereignisses, wer Frère Roger für die zusammengeströmten jungen Leute ist. Ausgerechnet in Deutschland, das er stets als eine geschundene Nation betrachtete, die es schwer mit sich selbst, aber auch mit ihren zahlreichen Nachbarn hat. Ein Land, dessen Kultur seinen Vater geprägt hatte.

Die Nachricht vom Mord in Burgund verbreitet sich am Rhein in Sekunden. Fassungslose Abwehr – »Gott, lass es nicht wahr sein« – weicht stummer Ergebung in das Undenkbare. Eine Welle stiller Ergriffenheit geht durch die Programmpunkte des Weltjugendtages. Tränen fließen. Tausende Teelichte brennen.

Und es wird eine Tiefe spürbar, die bei solchen Veranstaltungen schnell zu verflachen droht. Keine jugendbewegte Stimmungska-none vertreibt sie, keine geistliche La-Ola-Welle schwemmt sie weg. Als die Papst-Party auf dem Marienfeld vorüber ist, hängt irgendwo am Drahtzaun neben einer Bühne, über einer An-sammlung marienblauer Müllsäcke, ein ungelenk beschriftetes Tuch, verziert mit einer unbeholfen gezeichneten Silhouette der Taizé-Taube: »Danke, Frère Roger«. Das Tuch wiegt schwerer als jede feierliche Danksagung für einen Heiligen. Frère Roger ist in den Herzen, wie es niemand herbeireden oder herbeibeten kann.

*

19

Frère Roger brauchte keine etablierte Struktur, kein bezuschusstes Budget, keine Fürsprache Hochgestellter, um dahin zu gelangen. Das alles hat er stets abgelehnt. Er bestritt die Seelsorge an jungen Leuten mit seinen bloßen Armen und leeren Händen. Überzähliges Geld floss in Hilfsmaßnahmen – 1945 für deutsche Kriegsgefangene in Frankreich, später, an der Jahrtausendwende, zu Entrechteten nach Südostasien.

Das Programm seiner weltumspannenden Jugendtreffen, in Taizé und bald auch in den Metropolen der Erdteile, passte auf ein DIN-A4-Blatt, der Ablauf seiner Gottesdienste ebenfalls. So blieb Raum für alles, was sich nicht festschreiben, nicht auf Papier bannen lässt. Ein Leben lang voll und ganz da sein, herzlich dem Menschen des Augenblicks zugewandt. Diese Sprache wurde in allen Erdteilen und Ländern verstanden und geschätzt. Die Dutzende Briefe, in denen er den jungen Leuten seine Überlegungen auseinandersetzte, waren eindringlich und glaubwürdig, weil sie dieser Zuwendung entsprangen. Dennoch stellte sich in seinem Leben keine Idylle, keine Romantik ein.

Manche verkannten Frère Roger, belächelten oder fürchteten ihn, je nachdem. Neid und Eifersucht ließ er über sich ergehen, er hielt es für Zeitverschwendung, ja für einen Verrat am Glauben, sich mit ihnen zu befassen.

*

Damit ist Entscheidendes gesagt. Man muss Frère Roger nichts andichten, Poet war er selbst. Wer behauptet, ihn durchschaut zu haben, erliegt einer Täuschung. Wenn ich genau wüsste, wer

Frère Roger war, würde ich nicht über ihn schreiben. Schreiben ist Suche, ein Weg. So fügen sich die Seiten dieses Buches nicht zu einem abgerundeten geistlichen Porträt. Sie verdanken sich nicht der gewagten Absicht, das Vermächtnis von Frère Roger vorzulegen. Sie bergen nicht die »Fioretti«, die Blümlein des Roger von Taizé, die einmal als Anekdotensammlung sprießen mögen. Sie kommen nicht jenen in die Quere, die die historische Wahrheit über das Leben von Frère Roger zusammentragen, erforschen und theologisch aufarbeiten. Sie enthalten keinen autorisierten Bericht, sie sind das glatte Gegenteil einer offiziellen Verlautbarung. So kann vieles wegbleiben, was anderswo wiederholt und eingehend geschildert wurde.

Dieses Buch ist der nachdenkliche Versuch, ein Dankeschön niederzuschreiben. Es schildert Frère Roger als einen Menschen, der in vielfältigen Beziehungen lebte. Eine von ihnen, einzigartig wie jede andere, langjährig und doch zurückhaltend, war die, in der ich mit ihm stand. Froh will ich Frère Rogers gedenken, wie er mir ans Herz gewachsen ist. Anhand einiger Begebenheiten, die nicht vergessen kann, wer sie miterlebt hat oder dem sie mehr als einmal von ihm erzählt wurden, unternehme ich einen kleinen Streifzug durch seine Welt. Vieles habe ich im Lauf der Jahre in seiner Gemeinschaft verstanden, anderes wurde mir später klar. Manches habe ich vielleicht falsch aufgefasst, wie es in jeder Beziehung vorkommt. Es wird einleuchten, dass man sich einer Person nur persönlich zuwenden kann. So halte ich mich an das, was mich dauerhaft beeindruckt hat. Es bleibt Fragment.

Man kann Nachweise sammeln, um Frère Roger als großen Ordensgründer hinzustellen, als akademisch bewanderten Theologen, als Baumeister der Ökumene, als Fachmann pädagogisch umsichtiger Seelsorge, als politisch unerschrockenen Christen, als Heiligen für die Altäre. Aber warum? Frère Roger hatte von allem etwas. Frei nach dem Briefeschreiber Paulus, war er es sich indes schuldig, wie mir scheint, sein Leben so zu führen, als hätte er von alldem nichts.

Er sonnte sich nie in dem Gefühl, ein Liebling Gottes und der Welt zu sein. Er war scheu. Er hütete sein Herz vor Machtstreben und Geltungssucht. Nach der Verleihung des Internationalen Karlspreises der Stadt Aachen 1989 wollte ein Fernsehreporter von ihm wissen, warum er die Kette mit der Medaille gleich nach der Zeremonie abgenommen habe. Er fand diese Frage keiner Antwort würdig. Wen ging das etwas an? Frère Roger konnte auch eine Zumutung sein und anecken.

Er bewahrte im Herzen, was dort bleiben musste, und tastete das auch bei anderen nicht an. Mit seinem Taktgefühl hat er der Kirche mehr gegeben als durch glaubensgewisse Taten, es war ihm wichtiger als der Erfolg.

Er war in der Lage, eigene Vorhaben und Pläne selbst zu durchkreuzen, angefangen bei der größten Versammlung junger Leute, die es in Taizé je gab, der Eröffnung des *Konzils der Jugend* von 1974. Da hatte das Nest für drei verregnete Spätsommertage 40 000 Einwohner, auf jedes Bruchsteinhaus im Dorf kamen hundert Zelte. Der Schlamm auf den gerade noch rechtzeitig abgemähten Feldern und bald auf den Straßen des Hügels war so hoch, dass er wie ein Kaffeesatz wirkte, aus dem die Jugend der Welt emsig versuchte, Anzeichen einer besseren Zukunft zu lesen.

Als viele dachten, nun sei Taizé auf Erfolgskurs, im Begriff, die Kirchen zu erobern, schaltete Frère Roger zurück und erklärte die darauffolgenden Treffen bescheiden zu Stationen eines ständigen Pilgerwegs, der von Taizé aus auf schmalem Pfad durch die Welt führen sollte. Das haben viele nicht verstanden, nicht verwunden. Die Enttäuschung unter den jungen Leuten, die sich über Jahre begeistert auf »ihr« Konzil vorbereitet hatten, saß tief. Für sie war Frère Roger auf halbem Weg stehen geblieben. Vielleicht spürte er, dass am Ende der Wegstrecke das Trugbild einer traumhaften Kirche in einer schönen neuen Gesellschaft am bitteren Alltag zerschellt wäre.

Konzil der Jugend 1974. Große Zelte erwarten die Teilnehmenden zu Gespräch und Gebet

Erklärt hat er sein Verhalten nicht, aber eines wohl begriffen: Ein unbeweglicher Ort, auch Taizé, konnte keine Welt für sich sein, abgesondert wie der Planet des Kleinen Prinzen, den Antoine de Saint-Exupéry beschrieben hat. Die Welt der Christen ist der des Reiches Gottes verwandt, das Jesus nicht an einen Ort gebunden sah, sondern an das Leben. Sein Lebensweg war das Reich Gottes, von dem man nicht sagen kann: Hier ist es oder dort ist es, sondern: Es ist schon mitten unter euch, es ist euch näher als ihr glaubt, unmittelbarer als alles, auch alle Orte, auf die man mit dem Finger zeigen kann.

*

Ein Mensch steht nicht für einen Ort, sondern für eine ganze Welt – für seine Welt. Der Ausflug über die Wege eines nicht einzuordnenden, gerne sanften und leisen, bisweilen stürmischen und sperrigen, mehr selbstbewussten als selbstsicheren Menschen lohnt sich allemal. Eines Menschen, der kaum jemand kalt ließ und viele wärmte. Frère Roger gab zu denken, mehr noch zu fühlen. Warum war das so? Wie gelangte er in das Herz der Menschen, beispielsweise meines?

*

Am 13. Oktober 1974 erhält Frère Roger den Friedenspreis des Deutschen Buchhandels. Am Vorabend der Preisverleihung, es ist schon dunkel, schlage ich mich als bärtiger, frischgebackener Zivildienstleistender vom Hauptbahnhof zu der Frankfurter Stadtteilkirche durch, wo ein Abendgebet und Abendessen warten und man auch übernachten kann. Es herrscht reges Treiben, als ich dort eintreffe. In Schrittgeschwindigkeit rollt ein VW Käfer mit der Menge mit. Von der Rückbank klettert Frère Roger aus dem zweitürigen Gefährt und entdeckt mich im Strom der vorbeiziehenden Jugendlichen. »Oh, un visage connu« – »ein bekanntes Gesicht«, ruft er, obwohl er mich in Taizé nur einmal kurz gesehen hatte, und umarmt mich. So erging es bestimmt unzähligen anderen. Aber Frère Roger spielte nie. Es war echte Zuneigung, keine Floskel. Sie kam aus dem Herzen und galt für einen Augenblick nur mir.

Da war nichts von Herablassung, von dem Gedanken, wie froh musst du sein, dass du mir begegnen darfst. Es war gerade andersherum, zumindest kam es mir nach Jahren in seiner Nähe so vor. Frère Roger war unermüdlich auf der Suche nach redlicher Vertrautheit. Er fühlte sich, vielleicht sein Leben lang, in der Fremde. Das konnte man, teilte man sein Leben lange genug, in flüchtigen Momenten wahrnehmen. In einem überraschten oder verträumten Blick, an einer scheinbar nichtigen Bemerkung, auf die man sich erst Jahre später einen Reim zu machen vermochte.

Seine Geste, die mich für Sekunden, die ich nicht vergessen kann, aus den anderen heraushob, war auch Ausdruck eigener Fragen: Wo bin ich? Was widerfährt mir? Wie geschieht mir? Wie geht es jetzt weiter? Es war der Ausbruch aus der Einsamkeit eines Menschen, der, als er allenthalben schon als Stifter von Gemeinschaft gefeiert wurde, sich selbst erst einmal nach Verbundenheit sehnte. Es ging um zwei Menschen, um zwei in diesem Augenblick, wie bei jeder wirklichen Begegnung, wo sich der eine vorwagt, ohne zu wissen, wie er aufgenommen wird, und der andere ihn empfängt, ohne recht zu wissen, ob und wie das gelingt.

Eine Beziehung reicht von Erfüllung bis zur Verlassenheit. Gerade die dunkle Seite hat Frère Roger kennengelernt. Er hat das oft nur angedeutet. Manche schoben seine Empfindlichkeit wie seine Empfänglichkeit auf frühe Erfahrungen wie die, dass seine Mutter ihn einmal als Kind abends im Garten vergessen hatte. Er war unter einem Baum eingeschlafen – vielleicht unter den Klängen der drei Klaviere im Pfarrhaus, deren Tasten kaum zur Ruhe kamen – und erst nachts aufgefunden worden.

Andere hätten sich in ihrer Verletzlichkeit und Einsamkeit nach außen hin gepanzert, Frère Roger brachte das nicht fertig. Wenn er es einmal versuchte, weil er mit seinen Kräften am Ende war, hat er es nachträglich bitter bereut. Er war, was er oft Kindern zuschrieb, wie weiches Wachs, in das sich alles einprägte. Fand er in die Herzen vieler Menschen, weil er es nicht abstreifen konnte, arglos wie ein Kind zu sein?

*

Es soll offenbleiben, was offenbleiben muss. Würde man behaupten, das wahre Gesicht eines Menschen zu kennen, wäre damit die Beziehung zu Ende. Die zu Frère Roger endet für mich nicht. Weniger mit ihrer Stärke und Vollkommenheit kommen Menschen einander nahe als durch ihre Schwäche, auch ihr Scheitern. Es kann zu Tränen rühren, wird man in manchen Augenblicken der inneren Armut eines andern gewahr.

Etwas von solcher Armseligkeit war auch in Frère Roger, das verheimlichte er nie, weder vor Tausenden in einer Kirche noch im Zwiegespräch. Er war aber zu etwas fähig, das nicht jedem Menschen gelingt. Er konnte seine selbst empfundene Unzulänglichkeit in eine Wärme verwandeln, die ein paar Millionen Menschen in ein Dörflein im Süden Burgunds gezogen und in Bewegung gesetzt hat zu kleinen und großen Begegnungen überall auf der Erde.

*

Frère Roger betrachtete sie, die dem Ruf seiner Gemeinschaft folgten, nicht als Anhängerschaft. Wenn ihm einmal im kleinen Kreis mit Blick auf die vielen jungen Leute die Bezeichnung »unsere Jugendlichen« herausrutschte, klang das nach liebevoller Nähe, nicht nach Besitzerstolz.

Dasselbe gilt auch umgekehrt. Frère Roger gehört vielen, jeder und jedem auf eine eigene Weise. Eine Weile unterschrieb er sein kurzes Grußwort auf der ersten Seite des Rundbriefs aus Taizé mit »Roger, votre frère – euer Bruder« – ich bin an eurer Seite, euch nicht fern, in Christus, der euch nicht im Stich lässt, euch nicht der Verlassenheit anheimgibt. Da wurde es manchem warm ums Herz, dessen Eltern längst geschieden waren, und auch einem Behüteten wie mir.

Suchbewegungen

Etwas von dieser Wärme spürte ich, ohne sie deuten zu können, als wir, ein Freund und ich, auf einer langen Frankreichreise in das Dorf Taizé kamen. Am Glockenturm vorbei, hinter dem sich der Bereich der Communauté verbarg, fuhren wir auf das Gelände der Jugendtreffen. Das war 1972, während der Olympischen Spiele. An eine Zaunlatte geheftet, bog sich im leichten Wind die abgerissene Titelseite einer Bild-Zeitung. Mit dem Foto vom Kapuzenmann auf einem Balkon wurde vom Attentat im Münchner Olympiadorf berichtet. Dieses Geschehen schien im Zeitalter der Schreibmaschine und des Wählscheibentelefons weit weg. Das unmittelbare Erleben war stärker als die Botschaften der Medien. Auf dem Hügel nördlich von Cluny beschlich mich bei der Ankunft jedenfalls ein Gefühl wie zu Weihnachten.

Ich schob es weg. Wir waren äußerst skeptisch. Kurz vor der Reise hatte ich in einer frommen Zeitschrift am Schriftenstand irgendeiner bayerischen Innenstadtkirche ein Foto entdeckt, wo Jugendliche vor der Fassade der Kirche von Taizé um ein Erdloch Ringelreihen tanzten. Das fand ich hoffnungslos überdreht. Es wirkte auf mich erheiternd, und was lächerlich erschien, war im Lebensgefühl eines Jugendlichen der damaligen Zeit gleichbedeutend mit tödlich, gestorben. »Uncoole Opfer« waren das, im Sprachgebrauch von heute.

*

Wir steigen aus, ich laufe mit dem Freund im quicklebendigen Treiben hin und her und begreife nichts. Ein viereckiges weißes Haus dient als Anlaufstelle für Gäste. Wir sind nicht angemeldet und unsicher, auf welchem Boden wir uns befinden. »Wer weiß, wenn du denen die Hand gibst, fehlen dir schon zwei Finger«, mutmaßt mein Freund. Ich kann ihm, einem Oberpfälzer mit Bodenhaftung und Priesterseminar-Erfahrung, nicht widersprechen.

Wir werfen einen Blick in die große Kirche. Sie ist vollständig mit ockerfarbenem Teppichboden ausgelegt, in der Mitte eine Ansammlung von Hockern, an den Seitenmauern ein paar Bänke. Das einfallende Sonnenlicht zeichnet die Muster der Glasfenster an Wänden und auf der Erde ab. Holzbretter in bunten Farben mit kleinen Lichtern sind an der Rückwand des Chors aufgereiht.

*

Der Raum ist nicht geschlossen, er weist hinaus in eine andere Welt – nur in welche? Damals ahnte ich, später verstand ich, dass diese Frage einfach stehen bleiben kann. Hier ist Taizé ein stiller, behutsamer Platz hinter einer ungerührt lärmenden Kulisse. Es dämmerte mir, als wir die Kirche durch eine abstrakt bemalte schmale Seitentür verließen, dass ich es nicht mit einer Sekte zu tun haben konnte. Scheuklappen waren verzichtbar. Eine entspannende Dankbarkeit stellte sich ein, die ich in Glaubensdingen so noch nie empfunden hatte. Oder vielleicht doch … Weil das Geschehen in Taizé unaufdringlich ist, erinnert man sich unwillkürlich an bruchstückhafte Glaubenserfahrungen, die man anderswo gemacht hat. Und weil Taizé nicht aus der Welt liegt, melden sich die dort erlebten Eindrücke später im Alltag zurück.

Während wir von der großen in die kleine Kirche im Dorf hinuntergehen, fällt mir der Religionslehrer ein, der uns in Bayern klassenweise auf die Sakramente vorbereitete. Der bodenständige Kaplan schlug uns damals vor, sich für eine halbe Stunde still in die Pfarrkirche zu setzen. Und das lange bevor an allen Ecken und Enden Meditationskurse angeboten wurden.

Bei mir zeigte der beiläufige religionspädagogische Wink nachhaltige Wirkung. Es war zum ersten Mal, dass ich eigenständig ohne Begleitung meiner Eltern unsere Kirche aufsuchte. Ich saß eine geschlagene halbe Stunde in einer der Bänke des halb-dunklen, menschenleeren Raumes, versuchte ein wenig zu beten und stellte plötzlich mit einem gewissen Glücksgefühl fest, dass ich in der Lage war, meinen Weg im Glauben zu gehen, ohne al-leingelassen zu sein. Durch eine große Rosette an der Westwand hinter dem Chor fielen an jenem Spätnachmittag in verschieden farbigen Bündeln bunte Garben von Licht.

Daran muss ich in der romanischen Dorfkirche von Taizé denken, die wir weiter unten am Hang entdeckten. Sie verströmt beim Be-treten einen Geruch, einen Duft von Ruß, Kalk und Teppichstaub, mit einer metallischen Note. Ein düsterer Raum, nur durch die Glühbirnchen vor den Ikonen beleuchtet. Anheimelnde Stille.

Wenn mir auf diesem Hügel Gedanken an meinen früheren Glaubensweg kommen, so folgerte ich, kann das kein schlechter Platz sein. Anderswo wird die Freude am Gottvertrauen durch hehre Glaubenssätze erstickt. In Taizé wurde kein rücksichtsloser Wirbel veranstaltet, der nach den Gästen ausgreift und sie in sich hineinziehen will. Zum ersten Mal fragte ich mich, ob für mich hier mehr verborgen sein könnte als das, was man bei einem flüchtigen Besuch wahrnimmt. Von den Brüdern der Gemein-schaft war da für mich nichts zu sehen, keine Spur.

*

Ein paar Tage später war ich mit Freunden für eine Woche in Taizé zurück. Bei diesem zweiten Aufenthalt bemerkte ich, dass es regelmäßige Gottesdienste gab, in denen weiß gekleidete Brüder saßen. Frère Roger war nicht da, wie wir erfuhren. Da ich ihn noch nie gesehen hatte, vermisste ich ihn nicht, und sog dennoch in tiefen Zügen ein, was das steinige Gelände von ihm empfangen hatte. Meine Aufmerksamkeit galt ganz dem bunten Völkchen, das sich unter und zwischen olivfarbenen Zelten auf der grünen Wiese tummelte. Fürsten in Lumpen und Loden à la Woodstock, die ersten Vorläufer der Yuppies mit Anzug und Krawatte und dazwischen jede Menge Bürgerliche und Kleinbürgerliche in preiswerten Jeans, gebatikten Unterhemden und Lederriemen-Sandalen.

Die Gesprächsgruppen, die per Megafon ausgerufen wurden, waren in ihrer Gestaltung zum Teil unsäglich. Erweckte Frömmler und aufgeweckte Ideologen hauten sich Phrasen um die Ohren. Das unbedarfte junge Kirchenvolk fand unter deren Lufthoheit dennoch zusammen, über Nationen, Konfessionen und auch den Eisernen Vorhang hinweg, soweit er durchlässig war. Die Veranstalter zählten offenbar auf eine selbstregulierende Kraft.

Sobald die Glocken zu läuten begannen, strömten alle einmütig ins Betonschiff der Kirche, und selbst abgebrüht Wirkende, die sich als Atheisten oder Kommunisten bezeichneten, konnten oder wollten nicht widerstehen. Eher schon die eine oder andere Konfirmandengruppe mit einem Vikar an der Spitze, der sich fragte, ob er mit seinem Häuflein angesichts der weißen Kapuzenmänner nicht im Begriff war, sich römisch-katholisch zu infizieren.

Konfessionelle Bedenken waren mir fremd. Zu Hause hatten wir längst mit ökumenischer Jugendarbeit begonnen und waren dafür in unserer streng katholischen Heimat berühmt-berüchtigt. Wir hatten uns diese Freiheit genommen, der Pfarrer ließ uns gewähren und wurde für das damit verbundene Wachstum seiner Jugendgruppen allenthalben beglückwünscht.

Dieselbe Freiheit spürte ich, zum ersten Mal im großen Stil, in jener Woche in Taizé. Es war eine Freiheit, die für mich nicht beliebig, sondern verbindlich war. Sie war keine geistliche Modewelle, von denen es damals etliche gab, sondern kam aus einer gelösten Stille bei den Gottesdiensten, auf die man von Mal zu Mal gespannter war.

*

Ostern 1972 in Taizé. Der Altarraum ist damals mit verschiedenen Kerzenständern geschmückt

Im Jahr darauf bestand der Ort für mich nach der spirituellen auch die politische Prüfung. Das klingt heute maßlos überheblich, spielte Anfang der Siebzigerjahre aber für fast jeden Jugendlichen eine große Rolle. Alles wurde unnachsichtig gesiebt, und an unseren Kriterien zweifelten wir nicht.

Ich verbrachte drei Wochen in Taizé. Bei der Ankunft bekam ich von einem jungen Franzosen Bescheid, ich sollte zunächst einmal das übliche Wochenprogramm mitmachen, ehe ich ab der zweiten Woche irgendwo mit anpacken könne. Bei der ersten Gesprächsrunde wurde uns ein Zettel mit der Überschrift »Kampf und Kontemplation« in die Hand gedrückt. Ich zog mich in das fast leere, große Kirchenschiff zurück. Was da stand, war für mich eine Offenbarung, weil ich beide Begriffe bisher für unvereinbar gehalten hatte.

Wie lange ich da in der Nähe des Bereichs der Brüder saß, der in der Mitte des Raums abgetrennt war, weiß ich nicht. Irgendwann begannen die Glocken zu läuten. Allmählich kamen zügig oder schlendernd die weiß gekleideten Brüder herein. Ich unterschied zum ersten Mal einzelne Gesichter. Die neue Orgel mit weit ausladenden, fein gearbeiteten Holzflügeln, die zum Stil der Kirche passte und das Ohr mit weichen wie herben Klangfarben verführte, weckte mit Stücken von Bach und Couperin Herz und Sinn und Hand und Leben.

In solcher Verfassung dämmerte mir, dass Politik nicht alles ist, dass sie einen nicht austrocknen und bitter machen muss. Es war eine Befreiung von der Atmosphäre, die ein paar Moralisten der revolutionären Front mit allzu glatten Parolen auch in der Oberpfalz geschaffen hatten.

Im Vorjahr hatte Frère Roger für die Treffen das Thema »Fest« vorgeschlagen, wie ich während eines Regenschauers in einem alten »Brief aus Taizé« nachlas, der in der Anlaufstelle für Gäste herumlag. Es gab eine »Fröhliche Nachricht« über das Fest, das der auferstandene Christus in den Menschen entfache, Freude über Freude an einem Fest ohne Ende. Dies versetze der freudlosen Weltuntergangsstimmung derer einen Stoß, die bedauerten, dass gesellschaftspolitische Umbrüche kurzfristig nicht zu machen seien, weil die Arbeiterklasse offenbar lieber das auslaufende Wirtschaftswunder auskoste, spöttelte ein Azubi in meiner Gruppe.

*

Eine Sehnsucht, die ich kaum beschreiben konnte, hatte mich ergriffen. Ich konnte nicht anders, ich musste herausfinden, was in Taizé für mich verborgen war. Es hatte keinen Sinn, mich irgendwo anders niederzulassen. So reiste ich nach dem Zivildienst ohne zu zögern mit einem D-Zug über den Rhein, sah nach den üblichen Grenzkontrollen das Straßburger Münster an mir vorüberziehen und erreichte in der Dunkelheit mit dem Bus der SNCF, der französischen Eisenbahngesellschaft, den im Spätherbst kaum belebten Hügel. Die Adventszeit brach an, in der Frère Roger in Rom zu weilen pflegte. Nach Weihnachten war er zurück.

Bald wollte er alle treffen, die sich für längere Zeit als Helfer gemeldet hatten. An dem für diese Begegnung vorgesehenen Abend sollte ich eine Reise nach Ostdeutschland antreten, um dort Gleichaltrige zu besuchen, die keine Möglichkeit hatten, nach

Taizé zu fahren. Schade, dachte ich, eine verpasste Gelegenheit, und packte meine abgeschabte Reisetasche. Doch knapp vor meinem Aufbruch wurde mir mitgeteilt, ich könne noch bleiben, um bei dem Gespräch mit Frère Roger dabei zu sein. Man würde mich später an einen größeren Bahnhof bringen, fast hundert Kilometer weit entfernt, wo ich den Nachtzug Richtung Deutschland noch erreichte.

Das Zusammensein mit dem Prior endete in der Kirche, wo nur wenige Lichter brannten. Draußen stand ein kleines Auto bereit, die Zeit begann zu drängen. Frère Roger nahm mich beiseite und betete kurz mit mir, zu Christus, der, wie er flüsterte, Liebe ist und uns seine Freude schenkt. Während wir zusammen unter der Orgel standen, versicherte er mir, dass ich auf meiner Reise eine besondere Zeit erleben würde. Etwas, das sich mir unauslöschlich einprägte. Er umarmte mich und zeichnete mir mit dem Daumen unauffällig ein Kreuz auf meinen Winterpullover, in der Höhe und auf der Seite des Herzens. Dann wandte er sich entschlossen ab.

*

Es wurde tatsächlich die mich am tiefsten berührende Reise meines jungen Glaubensweges. Ich traf Leute in meinem Alter, die aufgrund ihrer Überzeugung keinen Studienplatz erhielten. Pfarrerskinder, Mitglieder der Jungen Gemeinden oder der Pfarrjugend. Ein Mädchen wollte Ärztin werden – das Studium wurde ihr verwehrt, sie entschied sich für die Ausbildung zur Krankenschwester. Dagegen erschien mir mein bisheriger Einsatz in der Kirche als kinderleichtes Sandkastenspiel.

Im Gespräch

Als ich auf den Hügel in Burgund zurückgekehrt war, hatte ich einige Male den Eindruck, der eine oder die andere, denen ich in Dresden, Berlin, Schwerin, Rostock und anderswo begegnet war, würde die Kirche in Taizé betreten. Das konnte nicht sein, aber zu einer Gemeinschaft, die mit so wenig geistlichem Gepäck zu so tiefen Begegnungen führte, wollte ich unbedingt gehören. Der Segen, den Frère Roger mir mitgegeben hatte, blieb.

*

Ich warf mich ganz in das Geschehen auf dem Hügel und saß einige Monate später im weißen Gewand unter den anderen beim Morgen-, Mittags- und Abendgebet, jahraus, jahrein. Was ich in Taizé vorfand, hatte mich getroffen. Als Heranwachsende hatten wir uns amüsiert, wenn wir an der Holzlehne einer Parkbank oder einer Baumrinde ein geschnitztes Herz mit Pfeil entdeckten, für uns damals ausgemachter Kitsch.

Viel später, erst bei einem der unzähligen Gespräche, die Frère Roger regelmäßig mit den unterschiedlichsten Gruppen in seinem Zimmer führte, wurde mir klar, dass es sich nicht um ein rührseliges, sondern ein mystisches Bild handelte. »Du hast meine Seele mit deiner Liebe verwundet«, so hätten es Christen, meinte er, in allen Jahrhunderten Gott gestanden. Ich musste unwillkürlich an die von Bernini bildlich gestaltete Verzückung einer von ihnen, Teresa von Àvila, denken. Sie sprüht in ihrer römischen Kapelle trotz des kalten Marmors von einem Eros, von dem Dogmatiker und selbst Cineasten nur träumen können. In solchen Augenblicken sinkt man dahin. Freilich nicht in die Arme eines Menschen, auch nicht in die des ersten Bruders von Taizé.

Die Gabe der Stille

Herzenssache

Frère Roger sitzt auf seinem Holzhocker, den Rücken gerade, den rechten Arm am runden Tisch aufgestützt. Man konnte ihm stundenlang zuhören, und er hatte schier uferlos zu erzählen. Die Sätze fließen ruhig dahin, ein Gedanke gibt den nächsten, Girlanden aus Erlebtem, Gelesenem, Gehörtem, aus Fragen und Mutmaßungen, unvorhersehbaren Schlüssen. Und dann plötzlich ein Satz, der aufhorchen lässt. »Unser Herz schlägt in Écône.« Der Westschweizer Ort war seit einiger Zeit eine Schmiede für Kleriker, die an der sogenannten *Alten Messe* festhielten. Später wurden sie unter dem Namen Pius-Brüder bekannt. Diese Messe kann ein Priester lesen, ohne dass er bei der Feier in die Verlegenheit kommt, die Gemeinde wahrnehmen zu müssen.

Diese Gottesdienstform galt seit dem Konzil als überlebt. Dafür waren nun Feiern im Schwange, bei denen wenig abgelesen, aber noch mehr gesprochen wurde. »Unser Herz schlägt in Écône« – der Satz saß, der Pflock war eingeschlagen, und Frère Roger lächelt leicht verschmitzt vor sich hin.

Unruhe im Raum. Zehn, zwölf junge Männer sitzen auf Hockern oder auf Frère Rogers Bettkante, blicken verblüfft in die Runde. Sind nun vielleicht Hochämter zu erwarten, nachdem in der großen Kirche von Taizé anlässlich von Besuchen orthodoxer Kirchenoberhäupter schon der Weihrauch Einzug gehalten hatte, zum Entsetzen mancher streng protestantischer Christen? Man weiß nie.

Für beunruhigte Gemüter, die sich für die Verlierer der Kirchengeschichte halten, und solche fanden sich nach dem Zweiten

Vatikanum genug, hat der Prior etwas übrig. Er weiß, wie gefährlich es ist, wenn sich die einen unterlegen fühlen und die anderen triumphieren. Mit einer bisweilen unberechenbaren Großzügigkeit versucht er nicht zum ersten Mal, Demütigungen zu entschärfen.

Keineswegs geht es Frère Roger darum, an diesem frühen Abend die katholische Liturgiereform zurückzudrehen. Für ihn ist die Kirche keine Spieluhr, auf der nach einem inneren dogmatischen Räderwerk auf dem äußeren Aufbau liturgische Püppchen kreiseln. Und noch weniger ist er darauf aus, Christen mit gegenreformatorischen Ausschweifungen zu verprellen. In seiner Kindheit und Jugend hatte er die Bemühungen seines Vaters erlebt, in der nüchternen Kargheit des Versammlungsraums einer reformierten Gemeinde die Gegenwart Gottes im nackten Wort der Bibel zu erschließen. Die lag dort auf einem Holztisch, auf dem nichts von ihr ablenkte, nicht einmal Kerzen.

»Unser Herz schlägt in Écône.« Frère Roger wollte mit der zugespitzten Bemerkung in Erinnerung rufen, dass ein gemeinsames Gebet dazu da ist, die Aufmerksamkeit auf Gott und seine Gegenwart zu lenken. Er war kein Freund salbungsvoll formeller Liturgie. Er betete selbstbewusst und mit Elan. Für mich war seine Haltung der Inbegriff des Protestantischen. Es war gewöhnungsbedürftig, dass er mit anderen in seiner Nähe mitten im Gebet unbefangen einige Worte wechselte. Indes gab es keinen Grund, hier kleinlich zu sein. Ihm ging es stets um die Würde Gottes. Vor die hatte sich nichts und niemand zu schieben, auch nicht mit genialen Erkenntnissen über Bibelstellen oder umwerfenden Gestaltungsvorschlägen für lehrreiche Gottesdienste.

Solche Nüchternheit erkannte er in der einfachsten Form der katholischen Messe wieder, bei der die Feiernden hinter einer Liturgie zurücktreten, die ganz aus sich Bestand hat und wirkt. Er hatte das in Taizé ohne Nostalgie erreicht. In der großen Kirche blickten Hunderte, Tausende in eine Richtung, nach Osten, zur aufgehenden Sonne hin. Nicht einmal die Brüder saßen, wie sonst in manchen Gemeinschaften üblich, beim Gottesdienst den Gästen zugewandt um den Altar vor der Chorwand der Kirche.

*

Klein von Gestalt, aber hoch aufgerichtet, hat Frère Roger die Arme vor der Brust verschränkt, den rechten Fuß leicht vorgestellt, fast wie ein Militär. Wenn er das Liederheft zu Hilfe nimmt, weil er die Worte eines Liedes nicht auswendig kann – und das war oft der Fall, denn es wurde zu seiner Genugtuung immer einmal ein Wort verändert oder ein Satz ausgetauscht –, wirft er noch vor dem Ende der letzten Strophe die roh geklammerten Blätter schwungvoll einen Meter vor sich auf den Boden. Das verleitete prompt zur Nachahmung, und Nachahmer hatte Frère Roger immer. Er bückte sich nicht, um das Heft achtsam auf den Boden zu legen. Buckeln und Kriecherei waren ihm fremd, auch und vor allem in der Liturgie.

Bis in die Siebzigerjahre wurden bei den gemeinsamen Gebetszeiten in Taizé ausschließlich die klassischen Gesangbuchlieder gesungen, im Stehen – und fast doppelt so schnell wie sonst in einer Kirchengemeinde üblich. Schon da überprüfte er die in den Stundengebeten gesungenen Texte ständig auf unglückliche, weil missverständliche Begriffe und Aussagen hin. Welche Formulierung könnte die Leute zum Aberglauben verleiten, Gott wolle sie klein halten, um selber groß zu erscheinen?

Dies setzte sich fort, als die sich wiederholenden Gesänge in Taizé eingeführt wurden. Er nahm es nicht hin, dass bei den jungen Leuten durch einen lateinischen Gesang, wo Christus mit »Herr, Domine« angerufen wurde, der Eindruck entstehen konnte, es gehe hier um Dominieren, Dominanz. Das Bedürfnis, Gott zu beknien, mutete für ihn seltsam an. Einen Gesang, bei dem Gott unaufhörlich angefleht wurde, »O Lord hear my prayer« – »Herr, höre mein Gebet« – ließ er kurzerhand aus dem Heft entfernen. Es würde kein gutes Licht auf Gott werfen, wenn man vorgab, dass er sich derart bitten ließ. Solche Fallstricke fielen nur wenigen auf, auch mir nicht. Die meisten sangen aus Gewohnheit mit. Mehr als einmal wurde Frère Roger seine Sorgfalt als Spitzfindigkeit ausgelegt. Wo der Geist der Liturgie lebendig ist, übersieht man Einzelheiten nicht, merkte er unbeeindruckt an.

*

Frère Roger führt im Gottesdienst eine eigene Rede, die übliche Sprachregelungen aus den Angeln hebt. Sie trifft mich, wie Zehntausende andere, mitten ins Herz. »Christus, trotz des Schweigens, das gleichsam zwischen uns herrscht, können wir dir etwas sagen ...« Ein verschollenes Gebet, das wohl nirgends schriftlich festgehalten ist, aber alle im Ohr haben, die Anfang der Siebzigerjahre bei einem Mittagsgebet in der Kirche der Versöhnung saßen. Frère Roger spricht es mit unverwüstlichem Vertrauen, fest, aber leise, das Mikrofon dicht vor dem Mund, knapp vor der

Rückkopplung. Seine samtene Stimme erreicht das Ohr wie die eines sehnsüchtig Liebenden.

Halt. Was sagt er da? »Christus, trotz des Schweigens, das gleichsam zwischen uns herrscht, können wir dir etwas sagen …« Der Prior von Taizé, mit allen Wassern der Bibel gewaschen, ein Mann täglichen Gebets – und eine Funkstille mit Jesus?, fragen sich entgeistert *Christival*-erprobte Jungprotestanten. Wie befreiend anders das klingt als das steife »Lasset uns beten«, atmen langgediente Messdiener auf. In der Kirche von Taizé sitzen sie einträchtig nebeneinander.

Ob Frère Roger mit diesen Worten sein Herz ausschüttete oder sich in die Herzen der jungen Leute einfühlte, oder beides zugleich – das war es, das leuchtete ein, das war ehrlich, hier wollte keiner anderen etwas vormachen. Da wurde der Glaube nicht überhöht, Christus nicht vor irgendeinen Karren gespannt. Einer stand dazu, dass er nichts von Gott hörte.

Buchtitel wie der des damaligen Bestsellers »Gott existiert. Ich bin ihm begegnet« ließen Frère Roger kalt. Er fand sie überzogen, unpassend, irreführend, anmaßend. Denn: Wie wirkten sie auf Leute, die das nicht von sich sagen konnten?

Es machte ihm zu schaffen, wenn Menschen, die den ganzen Tag beschäftigt waren und von allen Seiten in Anspruch genommen wurden, in der Kirche auf religiöse Hochleistungen eingeschworen werden sollten oder langatmige Erklärungen über sich ergehen lassen mussten. Das Gotteshaus war für ihn ein Schutzraum, vielleicht der letzte, der Gelegenheit zur Sammlung bot. Das gilt gerade für Taizé.

Der auf die sechzig zugehende schon weißhaarige, aber jünger wirkende Mann mit leuchtenden, manchmal blitzenden Augen will verstehen, was auf seinem Hügel vorgeht. Er hört hin, er hört zu, er bezieht seine Informationen aus erster Hand. So weiß er, wie anstrengend das bunte Leben der Besucher sein kann, welche Fülle an Eindrücken aus allen Winkeln der Erde auf sie einstürmt, sie fesselt, aber auch ermüdet. Das führt zu kurzen Nächten und manchmal zu einer Ausgelassenheit, die weniger innerer Entspannung als gefühlsmäßiger Überforderung entspringt.

Solchen Überschwang soll es ruhig geben, meint er, aber eben auch Schweigehäuser und Schweigewiesen mit eigenen Zelten, wo Stille herrscht. Vor allem aber braucht es die Gebetszeiten in der großen Kirche, in denen stets minutenlange absolute Ruhe einkehrt. Da ist für Frère Roger jede Ablenkung zu viel. Er lässt nicht mit sich handeln. Wo er die Aufmerksamkeit auf Gott beeinträchtigt sieht, schaut er genau hin. Da gibt es für ihn keinen Spielraum. Er hat ein waches Gespür, wo sich Menschen die Kirche zunutze machen, sie für Eigeninteressen mit Beschlag belegen. Die Energie, die er aus dem Glauben schöpft, fließt zum großen Teil in sein Bemühen, Enteignungen anzumahnen und durchzuführen. Mit Besitzansprüchen gibt es für ihn keine lebendige Gemeinschaft im Volk Gottes.

*

Frère Roger kehrt von einer Fahrt zurück. Er hat in einer Bischofskirche ein Abendgebet gehalten und zu den Versammelten gesprochen. Zu jedem dieser Abende wurde eigens eine Nachbildung der Kreuzikone mitgenommen, die vorn in der Kirche von

Taizé steht. Die Replik kann zum besseren Transport zerlegt werden und ist hohl, um das Gewicht zu mindern.

Als ich sie einmal auf einer nächtlichen Bahnfahrt in einem Liegewagen mitführte, wurde ich im Morgengrauen von zwei Zollbeamten geweckt. Sie inspizierten die einzelnen, in große Plastiksäcke verpackten Teile eingehend, da sie in den Hohlräumen Rauschgift vermuteten.

Die Kreuzikone sollte deutlich machen, dass es bei Abendgebeten und anderen Gottesdiensten nicht auf Frère Rogers Anwesenheit ankam und auch nicht auf die eines anderen Kirchenmannes, sondern allein darauf, Christus zu suchen, auf ihn zu schauen. So kann es Frère Roger im Nachhinein nur amüsieren, dass der örtliche Bischof an jenem Abend seine kurze Begrüßung mit den Worten begann: »Willkommen in meinem Haus!«

Gotteshäuser und Gottesdienste gehörten für Frère Roger niemand und waren für alle da. Er wachte darüber, was in den Kirchen von Taizé vor sich ging – nicht, weil er sie für sein Eigentum hielt, sondern weil er dafür Sorge tragen wollte, dass sie sich niemand aneignete, für welche Zwecke auch immer benutzte, und sei es nur für kurze Zeit. Er wurde unruhig, wenn dort jemand etwas vorführen wollte. Er fand es unangebracht, bei Gottesdiensten erklärende Worte abzugeben.

Beunruhigt war er da schon als Kind. Einmal saß er mit seiner Großmutter im sonntäglichen Gottesdienst. Der Pfarrer predigte mit großem Einsatz, und der kleine Roger muss damals mühelos seinen Worten gefolgt sein. Denn, wie er später ab und zu erzählte, kamen ihm nach einer Weile Bedenken: »Der Arme«, sagte er sich, »wenn er das alles selber leben muss, was er da sagt, das schafft er nie und nimmer.« Er teilte sich unbefangen seiner Großmutter mit, in die er grenzenloses Vertrauen hatte. Sie war auch diesmal um keine Antwort verlegen. Was immer der Pfarrer da vorne von sich gibt, meinte sie, stell dir einfach vor, dass er dauernd nur sagt: »Gott ist die Liebe, Gott ist die Liebe, Gott ist die Liebe.« Das fand Roger großartig, und dabei blieb er.

*

Einmal erwähnte er, es sei ein Theologieprofessor in Taizé gewesen, der ihm versicherte, er, Frère Roger, würde die jungen Leute zwar ausgezeichnet ansprechen, heutzutage aber im Predigtexamen hoffnungslos durchfallen. Er lächelte darüber. Ich habe bei ihm niemals beobachtet, dass er neidvoll nach den Begabungen anderer schielte. Dazu hielt er sich wohl für zu klein und gleichzeitig zu groß. Er konnte auf Anhieb leeres Gerede von gehaltvollem unterscheiden.

So bei der Predigt eines evangelischen Bischofs aus der DDR, gezeichnet von den Widersprüchen, in denen dieser seinen Dienst tun musste. Der ältere Herr sprach bei einem Abendgebet in Taizé, und der Übersetzer hatte Mühe, den niveauvollen Stil auch nur halbwegs auf Französisch wiederzugeben. Hinter den geschliffenen Worten hörte Frère Roger feinfühlig heraus, wofür das Herz dieses Bischofs schlug. Für die Dinge des Herzens stand die Kirche von Taizé stets allen offen.

*

Gastfreundschaft begann bei Frère Roger in der Kirche, im Gottesdienst. Die Verfolgten und Notleidenden, denen er während und nach dem letzten Krieg in Taizé Zuflucht gewährte, die unter Zwang seine Nähe suchten, verschonte er mit Einladungen zu Gottesdiensten. Er hätte es nicht ertragen, wenn sie aus reiner Dankbarkeit gekommen wären. Anders war es mit den Gästen der späteren Zeit, die als vorsichtig Tastende oder von Zweifeln Geplagte kamen. Da trieb ihn von Anfang an die Frage um: Was setzen wir den Menschen vor, wenn sie in unsere Gebetszeiten geraten? Speisen wir sie mit Steinen ab oder kann es ihnen zu Herzen gehen? Fühlen sie sich als Zaungäste oder finden sie sich darin wieder?

Maßstab war für Frère Roger, dass sich auch angenommen fühlen konnte, wer aus großer innerer Entfernung dazustieß. Den Territorialanspruch der Stammgäste, die es sich auch auf dem Hügel von Taizé in den Gebeten gemütlich machen wollten, hielt er für schädlich, einer lebendigen Beziehung mit Gott unangemessen. Aus seiner Sicht behinderte der Hang, sich in Gewohnheiten einzurichten, das gesamte Zusammenleben der Christen. Eine Kirche, die eher einem Tümpel als einem fließenden Gewässer glich, stieß ihn ab.

Er hielt es mit der Vorläufigkeit. Warum sich in gediegenem Kreise zu einer vervollkommneten Liturgie treffen? Gerne erinnerte er daran, dass keine Gottesdienstform auf der Erde Endgültigkeit beanspruchen könne. Früher oder später würde sie abgelöst. Durch andere Formen im Lauf der Jahre, aber vor allem durch eine schwer vorstellbare, auch von der Bibel nur rätselhaft beschriebene Liturgie in der Zeitlosigkeit und Ortlosigkeit Gottes.

Wer sich darüber freuen kann, brennt geradezu darauf, dass in der Kirche immer wieder alles neu anfängt, durch Menschen, die frisch mit ihr in Berührung kommen – wie es in Taizé jede Woche der Fall ist. Auf sie achtete Frère Roger. Sie waren für ihn wie der Funke, der plötzlich überspringen kann, waren für ihn dazu gesandt, das trockene Stroh oder vielleicht auch die Holzwolle, die sich in der Kirche angesammelt hatten, in helle Flammen zu setzen.

Dass der Funke zündet, ist so wenig machbar wie die Liebe. Dies ist Frère Roger klar, aber kein Grund, müßig zu sein. Es gilt alles wegzuräumen, was den Funken im Flug oder beim Aufschlagen zum Erlöschen bringen kann. Dahin gibt es nur einen Weg. Der Gottesdienst, das Stundengebet, wie es am Anfang auch in Taizé mit viel Akribie und wissenschaftlicher Vorarbeit gestaltet wird und lange Zeit in formschönen Büchern mitgelesen werden konnte, musste von Grund auf und ohne Nachsicht vereinfacht werden. So fand das gemeinsame Gebet in Taizé allein von seiner Gestaltung her für Millionen von Menschen zu einer Tiefe in Freiheit, einer zeitlosen Gebundenheit, die man vielerorts vergeblich sucht.

*

Diese Art zu beten erfuhr in späteren Jahren, vor allem in Deutschland, unter dem Namen »Nacht der Lichter« große Verbreitung. Bei diesen Abenden verwandeln sich Dome und Hauptkirchen großer Städte, aber auch Kapellen auf dem Land in ein Kerzenmeer. Oft wurde dies nur zögerlich geduldet. Jugendliche, die in einem Hohen Dom, in einer kunsthistorisch wertvollen

Kirche zwanglos auf dem Boden sitzen, anstatt geordnet in den Bänken. Konnte das gut gehen? Und alles ohne eine Person, die ständig von vorne den Gottesdienst wortreich anleitet? Ganz einfach nur mit ein paar kurzen Texten und vielen Gesängen – war das tragbar?

Es ist heute kaum zu glauben, dass in einer Kathedrale bei dem ersten »Nacht der Lichter«-Abend lediglich eine kleine Seitentür geöffnet wurde. Eine hilflose Notwehrmaßnahme, um den Menschenansturm in »geordnete« Bahnen zu leiten. In einer evangelischen Hauptkirche kam das Gebet ein anderes Mal überhaupt nicht zustande, weil man wie bei einem Museum fürchtete, die Kerzen könnten wertvolle Schnitzereien verrußen. Längst haben sich die Vorbehalte verflüchtigt. Die Abende dienen manchem Kirchenmann gar als willkommener Nachweis, dass er immer noch Jugendliche erreicht. Um das zu besiegeln, hält er eine ausführliche Ansprache, wodurch sich der Wortanteil wieder beträchtlich erhöht. »Willkommen in meinem Haus …«

*

Wie kam es zur Bezeichnung »Nacht der Lichter«? In der zweiten Hälfte der Achtzigerjahre übertrug der Fernsehsender RTL einige Male die Osternacht aus der Kirche von Taizé. Sie galt als Höhepunkt der Gebetszeiten im Jahr. Die kirchlichen Beauftragten waren auf Taizé gekommen, weil die zuständige Redaktion festgelegt hatte, dass ein Gottesdienst nur von einem ökumenischen Ort aus gesendet werden durfte. Dafür stand eine gute Sendezeit am Samstagabend zur Verfügung. Begreiflicherweise war der in der *Süddeutschen Zeitung* prompt als »gottesfürchtiger Kanal«

aufgespießte Sender auf Quote bedacht. Aber es gab bei den Verantwortlichen durchaus auch Momente der persönlichen Faszination. Der niederländische Regisseur lief über den Hügel und sagte immer wieder: »Taizé ist ein Gedicht, Taizé ist ein Gedicht.« Allgemeinverständlicher konnte man es kaum formulieren.

Große Probleme bereitete die Stille. Wie konnte man sie andeuten, ohne den Zuschauer daheim eine Tonstörung vermuten zu lassen? Der Regisseur machte es wie Frère Roger. Er versetzte sich in Menschen hinein, die keine Stille gewohnt waren. Hatte er doch selber, wie er offen zugab, beim ersten Probe-Beten innerlich nichts als Krach empfunden, als die Jugendlichen um ihn herum in vollkommenes Schweigen versanken. Erst allmählich, so erzählte er, sei auch er halbwegs zur Ruhe gekommen. Er ließ dann bei der Farbübertragung zu Beginn der Stille schwarz-weiße Filmsequenzen einblenden, die Karussells auf einem Volksfest, Kriegsbilder und andere Szenen in turbulentem Durcheinander zeigten. So wurde verhindert, dass die Zuschauer umschalteten. Gleichzeitig vermittelte man ihnen, dass eine Stille-Zeit zunächst nicht ungestört sein muss. Bei solcher Einfühlsamkeit wären die Kirchen bei Gottesdiensten vielleicht voller, dachte ich mir. Aber wer muss da schon auf die Quote achten?

Im Programmheft stand nicht »Übertragung der Osternacht«, sondern ein Titel, mit dem alle etwas anfangen konnten, die wussten, was eine Kerze bei Nacht ausstrahlt: »Die Nacht der tausend Kerzen aus Taizé«. Das wirkte auch schon in den Jahren vor der Kerzenrevolution in Leipzig.

»Tausend« schien für den Hausgebrauch zunächst etwas hoch gegriffen, der Name als solcher war von der Bibel gedeckt. Im Vorspann des Johannesevangeliums ist vom Licht die Rede, das in die Finsternis gekommen ist. So kam für die »Gebete mit Gesängen aus Taizé« die Bezeichnung »Nacht der Lichter« in Umlauf. Dafür wurden bald auch bei Evangelischen Kirchentagen oder bei Katholikentagen riesige Hallen mit den unverkennbaren orangefarbenen Segeln geschmückt.

Spielraum

Zwischen der Kirche und dem Haus der Brüder verläuft durch die Wiese ein Weg, etwa dreihundert Meter lang. Sie werden ihn gerne gehen, ermunterte Frère Roger mich mit feinem Lächeln in den ersten Tagen, als ich in das Haus eingezogen war, wir aber noch nicht Du zueinander sagten. Genauso war es.

Auf ebendiesem Weg ist er ein paar Monate später mit einem Bruder unterwegs, auf der Rückkehr von einem jener detailliert vorbereiteten Stundengebete. Damals wurden diese auf Französisch noch *Office* genannt, also amtliches, auferlegtes, pflichtgemäßes Gebet. Beiläufig eröffnet Frère Roger dem Bruder, der die Texte und Gesänge gewissenhaft herauszusuchen pflegt, er habe den Eindruck, in den dreimal täglichen Gebeten seien viel zu viele Worte. »Da lassen wir am besten schon mal das Tagesgebet weg«, stellt er sich vor. Dabei handelt es sich um eine bis zu diesem Tag unverrückbar vorgesehene, vorformulierte Bitte, die zwischen den Eingangsversen und dem Tagespsalm gesprochen wird.

»Aber – das ist doch gegen die Ordnung«, wirft der Bruder mit einem fragenden, etwas gekränkt wirkenden Seitenblick ein. Die unzähligen Falten auf der Stirn von Frère Roger gewinnen an Tiefe. »Welche Ordnung?«, fragt er zurück, entwaffnend ehrlich, ohne einen Hauch von Ironie. Er kann sich schlichtweg nicht vorstellen, dass es eine Ordnung geben könnte, die Menschen daran hindert, ihre Beziehung zu Gott im Gebet, dem Augenblick oder den Bedürfnissen einer bestimmten Zeit anzupassen. Das liegt außerhalb seines Fassungsvermögens. Schon beim nächsten Abendgebet wird das übliche Tagesgebet nicht mehr verlesen. So schnell geht das. So dringend war es auch.

Sein Gespür für entbehrliche Dinge, die den Geist des Ganzen schwächen, hat Frère Roger nie getrogen. Er empfand es womöglich so, als würden solcherlei Überflüssigkeiten vom Vertrauen auf die Gegenwart Gottes ablenken, in einer Art Irrglauben, mit dem man an etwas festhält, nur weil es so eingeführt war. Er erkannte früher als andere, wo man sich im Glauben verzettelt und Gefahr läuft, gerade junge Leute diese Schwäche fühlen zu lassen. Die Kirche war für ihn ein Ort zum Verweilen und Zur-Ruhe-Kommen, an dem man niemand mit Formalien belästigen sollte. Kein Jugendlicher sah sich in Taizé gezwungen, während der Gebete mehrmals aufzustehen oder niederzuknien. Fast alles fand auf dem Boden statt, wo bis auf einige, die auf Stühle oder Bänke angewiesen waren, alle Platz nahmen.

*

In Ermangelung international singbarer Lieder wurde auf neue geistliche Gesänge in verschiedenen Landessprachen zurückgegriffen, deren Refrain aus einem *Alleluja* bestand, in das alle einstimmen konnten. Manchem war das zu anspruchslos. In Deutschland handelte sich Taizé den Ruf eines Treffpunkts für biedere *Halleluja*-Sänger ein. Dass es nicht um billige Lobpreis-

Stimmung ging, sondern darum, dass junge Leute aus vielen Ländern gemeinsam singen konnten, war gewöhnungsbedürftig. Ständige internationale Jugendtreffen mit drei Gebeten am Tag gab es nirgendwo sonst.

In dieser Hinsicht begannen kirchliche Jugendverbände in der Bundesrepublik, zunächst unbemerkt, eine Flanke offen zu lassen. Sie konnten mit geistlicher Ergriffenheit schwer umgehen, manche hielten sie für eine Beeinträchtigung gesellschaftlichen Engagements. Jahre später stießen religiöse Gruppen in die entstandene Leere, die zeitweise viele junge Leute in ihre zum Teil eng geführten Formationen abwarben.

Von den Chorälen eines Johann Sebastian Bach, dem *Genfer Psalter*, den frühen Kompositionen des Pariser Organisten Jacques Berthier oder des Jesuiten Joseph Gelineau, die die Kirchenmusik vor und nach dem Vatikanischen Konzil maßgeblich beeinflussten, sind in der Kirche von Taizé Mitte der Siebzigerjahre bald nur noch kärgliche Reste zu hören.

Eines Abends, es mag um Pfingsten gewesen sein, erklingt am Ende des gemeinsamen Gebets ein zweizeiliges Lied. Es wird einmal, dann noch einmal und weitere Male wiederholt. Die Melodie ist für den Text eines uralten lateinischen Lobpreises ein wenig dunkel, aber sie trägt. Nach sechs Durchgängen wird der Gesang beendet. Einige atmen auf, es hat für sie eine Ewigkeit gedauert.

Am nächsten Abend wird der Gesang erneut angestimmt, und gerade die jungen Leute tragen ihn lange durch. Schließlich wird das Singen wie am Vorabend beendet, die Brüder ziehen aus – wie immer im Schweigen. Kaum sind sie in der Sakristei, lebt hinter ihnen, in der Kirche, die Melodie von Neuem auf. Frère

Roger kehrt mit einigen anderen Brüdern dorthin zurück. Der Gesang hält sich über längere Zeit.

Das Volk Gottes, wie es an diesem Abend in Taizé anwesend ist, hat eine neue Andachtsform ins Leben gerufen. Frère Roger ficht das nicht an, im Gegenteil. Hellwach erfasst er im Nu, was sich angebahnt hat, und nimmt es auf. Es fällt ihm nicht schwer, sich auf den Teil des Volkes Gottes auszurichten, der spirituell kaum gebildet und auch manchmal körperlich ein wenig ungepflegt auf den Hügel kommt. Wer erlesene Liturgien kosten will, kann anderswohin fahren. Gepflegte geistliche Orte gibt es genug. Frère Roger lässt sich nicht bitten. Bald wird an jedem Abend noch bis spät nach dem Ende des eigentlichen Abendgebets gesungen, an manchem Karfreitag bis ins Morgengrauen. Anfangs ohne instrumentale Begleitung, sank die Tonhöhe im Lauf schier unendlicher Wiederholungen eines Liedes unmerklich ab. Einmal habe ich miterlebt, dass die Bassstimme schließlich als Tenorstimme wieder von oben in die abgesenkte Harmonie Einzug hielt.

Kirchenmusikern sträuben sich die Haare. Viele junge und bald auch erwachsene Gäste haben jedoch einfach keine Lust, die Kirche zu verlassen, solange die soliden, robusten Sätze erklingen. Orgelspiel gibt es ebenfalls anderswo genug, dem Lebensgefühl vieler Jugendlicher erscheint es damals schon fremd. Irgendwann kam Frère Roger auf die Idee, eine einfache Gitarre wäre für die Begleitung angebrachter. Wer immer sie spielte, hatte bald dicke Hornhäute auf den Fingerkuppen zu erwarten. So kam ein findiger Kopf auf den Gedanken, die Gitarrentöne auf ein Synthesizer-Keyboard zu übertragen. Den innig mitsingenden Jugendlichen fällt das kaum auf. Das Instrument beeindruckt niemand durch einen majestätischen Klang. Kunstvolles Spiel ist nicht gefragt, nur die Unterstützung auch der rauesten Kehlen.

Binnen Kurzem werden die Gesänge, mittlerweile sind es Dutzende, in Gruppen und Gemeinden getragen; von den internationalen Treffen aus gehen sie um die Welt. Sie stehen auf eilig nachgedruckten fliegenden Blättern und bald in einem unscheinbaren Heft. Weil sie viele von Herzen singen, sind sie ansteckend. Gesänge, die nicht zu Herzen gehen, lässt Frère Roger ungerührt streichen oder umschreiben. Die Komponisten nehmen es bald mit Humor, auch ein Zeichen des Vertrauens. Einer, der wieder und wieder Bleistiftnoten wegradierte, bezeichnete den Abrieb, der auf die Partituren-Ablage des Flügels fiel, als Notenleichen.

Die Mühe lohnt sich, viele der Kompositionen sind im Lauf der Zeit in die Gesangbücher der Kirchen gelangt. Es ist nicht jedem gegeben, Gesänge zu komponieren, die einer solchen Dauerbelastung standhalten und auch von Ungeübten angestimmt werden können. Darauf kam es Frère Roger an, nicht auf erlesenen Klang. Einer der jungen Gäste beschreibt es so: Wenn man die Lieder eine Weile gesungen hat, ist man voll und leer zugleich. Besser kann es kein Mystiker sagen.

*

Während der Gebetszeiten in der großen Kirche kommt bei aller Versunkenheit indes auch der Gemeinschaftssinn nicht zu kurz. Jeden Freitag knien die Jugendlichen abends in der dunklen Kirche kreisförmig um die Kreuzikone. Einmal legt Frère Roger seine Hand auf die eines jungen Mannes, der neben ihn gerutscht ist, um ihm etwas anzuvertrauen, das ihm auf der Seele brennt. Nach einer Weile berührt eine junge Frau, die auf der anderen Seite von ihm sitzt, mit ihrer Hand die Frère Rogers. Großes Erstaunen. Es stellt sich heraus, dass der Junge seine andere Hand auf die des Nachbarn gelegt hatte. Das löste eine Kettenreaktion aus, die im Nu durch die ganze Kirche lief, bis sie wieder bei Frère Roger endete. Das Wunder war erklärlich und damit keines. Die Geschichte löste noch lange nach dem Vorfall Heiterkeit aus.

Rosenkranz

Frère Roger hatte keine Hemmungen, Tiefe auf Kosten der Abwechslung zu suchen. Er sehnte sich nach ihr, lief ihr nicht davon. Die Entwicklung, die der Gesang genommen hatte, bestärkte ihn darin. Was er scheute, war jene Oberflächlichkeit, die sich einstellt, wenn man nur auf Wirkung bedacht ist. Er hatte, anders habe ich das nie erlebt, keinerlei Bedenken, etwas zu wiederholen und auch sich zu wiederholen. Er hielt das nicht für unter seiner Würde. Er sah den christlichen Glauben als etwas sehr Einfaches an, das man, auf die grundlegenden Schriften gestützt, guten Gewissens mündlich weitergeben kann.

Selbst wenn man irgendwann meinte, manche Passagen seiner Ansprachen fast auswendig mitsprechen zu können, war es angebracht, weiterhin aufmerksam zuzuhören. Frère Roger hatte die Gabe der Virtuosität, er konnte seinen Text mitten im Satz abwandeln. Man musste stets wachsam sein, wenn man seine Rede in andere Sprachen übersetzte. Er kannte keine Routine. Was er sagte, kam unmittelbar aus dem Herzen. Seine Gebete, auch die, die er in der Kirche verlas, waren fein gesponnene Liebesgedichte an Gott, deren Strophen und Zeilen im Lauf der Zeit immer kürzer wurden. Wortarm, weil er da oder dort noch etwas wegzulassen fand, bis er unmittelbar beim anderen war, im Gebet nur noch seinen Namen nennen konnte: Jesus Christus.

Frère Roger fand diese Art zu beten ganz unbefangen im uralten Rosenkranzgebet wieder. Er hatte Vertrauen in die Glaubensäußerungen von Menschen, denen ein Theologiestudium unter Umständen schon allein deshalb verwehrt war, weil sie weder lesen noch schreiben konnten. Bei einem einfachen Bauern hatte sein Lieblingsschriftsteller Fjodor Dostojewski wieder zur Glaubensgewissheit gefunden, wie Frère Roger uns immer wieder vor Augen hielt. Freilich vergaß er nicht hinzuzufügen, dass es der Glaube ebenso aushält, mit den kompliziertesten philosophischen Systemen konfrontiert zu werden, solange man den Gott der Philosophen nicht mit dem lebendigen der Bibel verwechselt.

*

Sonntagnachmittag in der Kirche der Versöhnung. Rechts vorne, neben dem Tabernakel, hängt in einem Holzkasten eine Marienikone, mit einer Lichtampel davor, wie man sie in den orthodoxen Kirchen und auch in Südeuropa findet. Im Rahmen stecken Buchsbaumzweige, aus einer schmalen Vase ragen Wiesenblumen. Das Licht der späten Sonne fällt auf einige junge Männer und Frauen, die auf dem Teppichboden knien und unentwegt ihre Lippen bewegen. Es sind immer wieder dieselben Sätze, ein Gruß, ein Lobpreis, eine Bitte, und dann das Ganze von vorne. Nach einer halben Stunde entfernen sie sich aus der sonst stillen

Kirche. Rosenkranz in einem ökumenischen Gottesdienstraum? Das wird bemerkt und kommentiert.

Frère Roger lässt sich vom Gerede nicht beeindrucken. Ein junger Mann, der erwägt, sich der Gemeinschaft anzuschließen, findet in Taizé alles bestens. Er vermisst lediglich dieses Gebet, das er von Kind auf in einer Ruhrarbeiter-Kirchengemeinde erlebt und gesprochen hat. Frère Roger hat mit dieser Gebetsform so seine Erfahrung, kennt sie als fürchterliches Geleier, wie er in einer Tagebuchaufzeichnung andeutet. Aber das spielt jetzt keine Rolle. Es geht um den jungen Mann, seinen Zugang zum Glauben, an dem sich keiner zu vergreifen hat. Also gehört spätnachmittags am Sonntag eine halbe Stunde diesem Gebet vor der Ikone. Das geschieht einige Wochen so, dann verliert es sich. Alles hat seine Zeit.

Bald darauf taucht der Rosenkranz in einer anderen Form wieder auf, diesmal als Abschluss des abendlichen Gesprächs mit jungen Männern, die sich der Gemeinschaft angeschlossen haben oder über einen solchen Schritt nachdenken. Es findet, sofern Frère Roger in Taizé ist, täglich in seinem Zimmer statt, oft spät, weil er sich schwer von den Leuten trennen kann, die ihn nach den Gebeten in der Kirche ansprechen. Die Worte gehen in der kleinen Gruppe hin und her. Wenn die weißen Teeschalen leer getrunken sind, knien oder setzen sich alle auf den Boden vor eine orthodoxe Weihnachtsikone, auf der Maria das Kind in ihrem Gewand mit weitem Faltenwurf birgt.

In eine kurze Stille hinein beginnt Frère Roger mit »Freu dich, Maria«, wie ein befreundeter Jesuit, Professor für Neues Testament, übersetzt hatte, was traditionell »Gegrüßet seist du, Maria« heißt. In der Mitte des neu gefassten Gebets, nach dem »und gesegnet sei Jesus, dein Kind«, fügt er ein: »und gesegnet seien in ihm …«, also in Jesus Christus. Darauf folgen die Namen von Menschen, denen er begegnet ist oder an die er gerade denkt, auch die aus Ländern, in denen die Bewohner schwere Zeiten durchmachen. Alle können diese Reihung beliebig verlängern, und manchmal dauert es recht lange, bevor gemeinsam der Schlussteil des Gebets gesprochen wird. So verband er eine volkskirchliche katholische Anrufung mit der evangelisch-freikirchlichen Übung, in freier Weise Menschen ins Gebet einzuschließen.

Liebesgedicht

Frère Roger betete wie ein Liebender, weil für ihn Gott unumstößlich die Liebe war. Da ließ er sich nicht hineinreden. Sein Glaube war frei von Furcht, weil es, wie es im ersten Johannesbrief heißt, in der Liebe keine Furcht gibt. Die Frage, wie er einen gnädigen Gott bekäme, stellte sich ihm nicht. Er vertraute kindlich auf die Liebe Gottes. Dass er, wie Martin Luther, unter dem Eindruck von Todesangst Mönch geworden wäre, unter Blitz und Donner auf irgendeinem Acker, ist Frère Roger nicht zuzutrauen. Er war überzeugt, dass sich Gott keiner Unwetter bedient, dass er niemand einschüchtert. Allein der Gedanke daran erschien ihm lächerlich, unter Gottes Würde. Es gab für Frère Roger nur einen Weg, auf dem Gott seine Erhabenheit preisgab: das Kreuz Jesu, also den Weg der Liebe, den unvermeidlichen, nachdem er, wie Christen glauben, Mensch geworden war.

Aus dieser Liebe Gottes lebte Frère Roger. Kein Tag, an dem er nicht wenigstens einen Satz über sie sagte, nach dem Mittagessen etwa oder in seinem Segensspruch am Ende des Abendgebets. Er nahm sie ernst, ohne je darauf einzugehen, ob, wann und wie er selbst sie erfahren hatte. Es genügte ihm wohl zu wissen, dass es sie gibt, dass sie durch die Jahrhunderte bezeugt wurde, und dieses Zeugnis beredter war als alles, was er wenig nachsichtig als »Geschwätz über Gott« bezeichnete. Dazu kam es, so warnte er, wenn Menschen sich mit der Guten Nachricht interessant machen wollten.

Aus der Liebe Gottes schöpfte er die Kraft zu verzeihen, durch sie konnte er sich, wenn auch schweren Herzens, damit versöhnen, dass in der Welt vieles unvollkommen bleibt oder zu Bruch geht. Er hielt sie für stärker als jede Gehässigkeit, mit der selbst Christen von Zeit zu Zeit aufeinanderprallen.

Diese Liebe verband sich für ihn mit dem Gesang, den er am liebsten nie unterbrochen hätte. Ich habe, wie andere, manchen davon angestimmt, und noch einen und noch einen, weil er gar so arg daran hing. In der Kirche der Versöhnung von Taizé wurde mehr gesungen als in allen anderen Gotteshäusern.

Seit der Christenlehre seiner Kindheit trank Frère Roger das Zeugnis der Liebe in der Bibel wie Muttermilch. Er schätzte am Alten Testament nicht die Lieder der Klage, sondern den Lobpreis, das Halleluja eben – jeder Atemzug lobe Gott. Er sang lieber ein hohes Lied der Anerkennung als eines mit Vorwurf und Vorhaltungen.

Dabei wusste er aus eigener Erfahrung, was Anlass zur Klage geben konnte. Er wollte nur nicht Gefahr laufen, dabei hängen zu bleiben, wollte weiterkommen, mit einem neu beschwingten Herzen. Vermutlich hat er, der in seinem Leben zuzeiten an tiefer Niedergeschlagenheit litt, die Gefährlichkeit von Stimmungen erkannt, die den Menschen einfangen und ihm die Lust am Leben rauben. Dem setzte er getrost eine andere Stimmung entgegen. Immer wieder erzählte er von der Erfahrung, dass das Singen heller, froher Lieder den Menschen frei macht, schöpferisch, aufgeschlossen für die schönen Dinge. Das *Halleluja* war für ihn kein frommer Ruf versponnener Gläubiger, die sich in eine andere Welt hineinsingen wollten. Es war für ihn auch keine Taktik für einen gefühlsbetonten Zugang zu Gott. Es war Verwirklichung des Geschöpfes, aus sich heraus und nicht fremdbestimmt. Ein Leben mit aufgesprengtem Horizont.

*

Tagaus, tagein dieselbe Szene. In der Kirche der Versöhnung wird ein Gesang angestimmt, irgendwo aus der wie eine weiße Wolke anmutenden Gemeinschaft der Brüder, inmitten der Gäste. Frère Roger, seine Kräfte lassen es noch zu, beginnt mit als Erster zu singen. Stets nimmt er hinten Platz, damit er alle im Blick hat. Dort ist er auch den jungen Leuten ganz nahe. Er singt mit einer hellen, klaren Tenorstimme, frei, mit entspannter Kehle, ohne zu pressen, durchdringend, aber angenehm.

Man hört ihn unter Hunderten heraus. Er treibt voran, nicht weil er es eilig hat, sondern weil er mit Elan hinaussingt, was ihm der Gesang beschert. Da gefällt sich einer nicht andächtig selbst, da heischt keiner Bewunderung für seine Kunstfertigkeit. Da lässt sich etwas von der Gewalt der Sanftmütigen, der Friedfertigen

61

ahnen, die er in seinem Tagebuch beschreibt. Eine Liebe ohne Rücksicht auf Verluste.

*

Das Gewebe aus Tönen verdrängt in Taizé die Stille nicht. Es scheint aus ihr zu erklingen und wieder in sie zu münden. Im Stundengebet, nach dem nüchtern gelesenen Wort, führt das Schweigen in die Tiefe, wie unter die Erdoberfläche. Und später tritt sie irgendwo wie auf dem Hügel wieder zu Tage. Frère Roger hat die Stille in Taizé gesucht, sie wurde – wie soll man es anders sagen – ein Teil von allem, und noch heute kann sie jeder dort finden. Sie hat auch mich erwartet. Und ergriff mich bei meinem zweiten Besuch auf dem Hügel, in seiner für mich noch wenig vertrauten Welt.

*

An einem Nachmittag trat ich auf dem Platz vor der Kirche der Versöhnung aus dem Stimmengewirr der etwas entfernt sitzenden Gesprächsgruppen, stand nun im Inneren eines Kreises, der mit einem breiten Bogen von leicht verbogenen und verrosteten Metallstühlen abgegrenzt worden war. Sie zeigten mit den Sitzflächen nach außen. Innerhalb dieser Zone, das verstand ich später, sollte Stille herrschen. Es war wie im Tempel von Jerusalem eine Art Vorhof, eine Zwischenzone, in der sich alle der Kirche mit Bedacht nähern sollten. Da war man nicht mehr ganz draußen und doch auch noch nicht ganz drinnen.

An der Seite der Kirche führen einige Stufen hinab. Ich folgte ihnen. Durch eine Tür, die damals mit Pastellfarben bemalt war, die auch die großen Tore an der Kirchenfassade schmückten, gelangt man in eine Unterkirche. Dort herrschte eine Stille, wie ich sie noch nicht erlebt hatte. Sie war nicht gefühlsgeschwängert, mutete auch nicht stumm oder stur an. Sie atmete, sie lebte. Sie erhielt ihre Farbe durch raumhohe, schmale Kirchenfenster, mit roten, gelben und blauen Feldern, die die Sonne seitlich einließen und die Stille heiter tönten.

Die Krypta war voller junger Leute, man konnte kaum die Farbe des Teppichbodens erkennen, so dicht war der Raum gefüllt. Alle saßen oder knieten auf dem Boden, vor dem Altar mit einer Ikone des Gekreuzigten, der als Auferstandener dargestellt war. Er trug ein weites, weißes Gewand. Das Kreuz war breitflächig, augenscheinlich von mittelalterlichen italienischen Darstellungen inspiriert. Davor brannte eine Kerze auf einem schmiedeeisernen Leuchter.

Es herrschte vollkommene Ruhe. Die Stille war in den Raum eingezogen, als würde sie nie mehr vergehen. Es war ein Moment fürs ganze Leben, der mir bis heute vor Augen ist.

*

Frère Roger war es zu verdanken, dass die Stille eingehalten wurde, die er bei jedem der gemeinsamen Gebete erst nach etlichen Minuten durch ein Zeichen beendet hat. Er verteidigte sie gegen Wind und Wetter, auch an jenem Abend, an dem ein Unwetter vor den schützenden Kirchenmauern niederging und das Zeltdorf der Jugendtreffen verwüstete.

Er hing freilich nicht an der Stille an sich. Sie war für ihn keine Übung, wie er dann und wann hervorhob. Er höre in ihr auf eine andere, innigere, ausgedehnte Weise auf das, was allzu glatt und schnell vorgelesen oder verkündet war: Gott ist die Liebe. Die täglichen Zeiten der Stille mögen sich auch für ihn oft leer angefühlt haben – aber, so vertraute er, sie enthielten ein Gedicht der Liebe.

*

Diese Stille ist ihrerseits Frère Roger treu geblieben. Sie herrscht meist auch an seinem Grab neben dem romanischen Kirchlein. Manche, die heute nach Taizé kommen, suchen nur noch sie. Ruhiger, nachdenklicher als früher, vielleicht um sich zu verabschieden, weil sie nicht mehr die Jüngsten sind.

Wie so viele, die in Taizé zum ersten Mal mit ihr in Berührung gekommen sind, verlässt auch mich diese Stille nicht. Wenn ich heute am Mittelrhein in der geräumigen, neugotischen Kapelle eines Klinikums sitze oder einen Gottesdienst für die Inhaftierten im Gebetsraum unter dem Dach der Justizvollzugsanstalt halte, fehlt die Stille nie. Ohne sie gäbe es im Krankenhaus keine Erholung; und noch jeder Inhaftierte, mit dem ich gesprochen habe, weiß zwischen der stummen Abgeschiedenheit eines Einzelhaftraums und dem gemeinsamen Schweigen in der Kapelle zu unterscheiden.

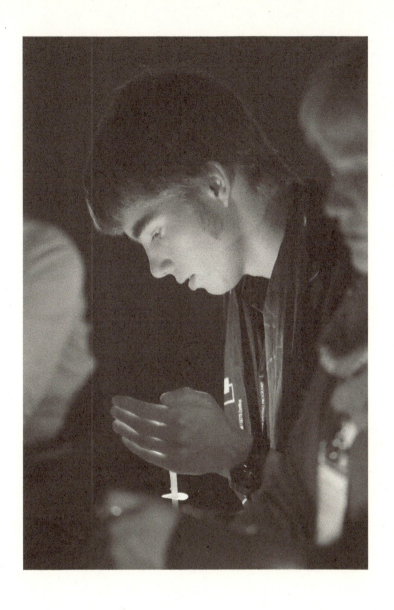

Es gibt eine Stille, in der die Liebe wohnt. Ein Ort, an dem solche Ruhe herrscht, oder besser dient, kann kein schlechter Ort sein, sagte ich mir damals in Taizé. Hier sprießt keine Ideologie zur Rettung von Kirche und Welt, macht sich kein Glaubenswahn breit. Ich fühlte mich in die biblische Szene versetzt, die uns am Morgen jenes Tages zum Nachdenken empfohlen worden war. Da schreibt Jesus angesichts von dreisten, lieblosen Fragen einfach etwas in den Sand (Joh 8,6) – und schweigt. Solche Freiheit, die aus der Stille kommt, beeindruckte mich ungemein. Ich spüre sie noch heute.

Das Wagnis
der Gemeinschaft

Zeichenhaft

Frère Roger gründete eine Gemeinschaft von Menschen vieler Konfessionen und Länder, wie es sie vorher nicht gab. Warum er dies tat und was es ihm bedeutete, darüber hat er oftmals geschrieben. Wie es scheint, war es für ihn einfacher festzulegen, was diese Gemeinschaft nicht sein sollte. Keine Kampftruppe für ein bestimmtes Kirchentum zum Beispiel, keine naturgetreue Rekonstruktion mönchischen Lebens im protestantischen Raum, kein Feld für gemütliche Einkehr oder herabwürdigende Selbstkasteiung.

Sie sollte nicht zu groß, aber auch nicht übersehen werden, unscheinbar, und doch die Weltkirche prägen, als kleine Fußnote in einer dicken Kirchengeschichte, wie er einmal formulierte. Worum es ihm ging, und was diese Gemeinschaft darstellen sollte, fasste er schließlich in den Ausdruck »Gleichnis der Gemeinschaft«. Menschen sollen durch ihr gemeinsames Leben ein Zeichen setzen. Das Erfahrene sollte man nicht für sich behalten, sondern in die Welt tragen und zugleich herausfinden, wie solche Zeichen anderswo gesetzt wurden. Es war zu wenig, unter sich zu bleiben.

Früh machten sich Brüder auf den Weg zu Menschen, die in Not waren. Sie wollten sie bei ihrem Existenzkampf unterstützen, und umgekehrt mit den gesammelten Erfahrungen das Gemeinschaftsleben in Taizé beleben. Dies führte die Brüder bald um den halben Erdball. Man sah sich auf Monate oder Jahre nicht wieder. In vorelektronischen Zeiten beschränkte sich die Verbindung auf langwierige Briefpost und seltene Telefonate, die in der Poststation eines Elendsviertels und lange Zeit auch in einem abgelegenen Dorf wie Taizé vorangemeldet werden mussten. Der erste Fernschreiber, das erste Faxgerät der Gegend standen im Haus der Brüder, damals Meilensteine der Kommunikation.

*

Es fiel Frère Roger leichter, Menschen willkommen zu heißen, als sie zu verabschieden. Was ihm die Gemeinschaft wert war, konnte man ihm ansehen, wenn sich ein junger Mann entschloss, sich ihr mit seinem ganzen Leben zu widmen. Noch eindringlicher zeigte es sich beim Adieu, wenn es galt Abschied zu nehmen. Viele Abreisen haben sich in meine Erinnerung eingegraben.

Die Zeit bis dahin verrann stets mit demselben seltsamen Gemisch von Gefühlen. Fernweh, Neugier auf andere Kulturen und Abenteuerlust, Solidarität mit Menschen, die es im Alltag schwer haben, Einblicke in andere Glaubensgemeinschaften, aber auch eine Art vorweggenommenes Heimweh. Sehnsucht zurück nach dem Hügel, der gewundenen Straße durchs Dorf, dem großen Haus mit den vielen ungleichen Zimmern höchst unterschiedlicher Brüder, mit dem bunten, jungen Leben drum herum, der dichten Atmosphäre in der Kirche, den voll klingenden Gesängen, der Wucht, die vom Schweigen Tausender mitten im Gottesdienst ausgeht.

*

Der kleine, beigefarbene Renault steht abfahrbereit vor dem Haus. Allmählich kommen die Brüder herbei, von den Treffen mit Gästen oder aus den Werkstätten, in denen hergestellt wird, was Verkaufserlös bringt. Denn die Gemeinschaft lebt nicht von Spenden, sondern von eigener Arbeit.

Frère Roger erscheint mit dem reisefertigen Bruder an der einen Hand und einigen blütenweißen Briefumschlägen in der anderen. Handgeschriebene Post für Brüder und Freunde am Zielort, die er ihm gleich zustecken wird. Ein Gesang, dessen einzige Strophe man nach Bedarf auch eine Viertelstunde lang wiederholen kann, wird angestimmt. Die Umstehenden fallen ein, mit hellen und dunklen Stimmen, währenddessen der Abfahrbereite von einem zum anderen geht und alle umarmt, zuletzt Frère Roger.

Er zeichnet ihm ein Kreuz auf die Stirn und flüstert ihm ein paar ermutigende Worte zu. Dann schiebt er den Bruder, ohne die Hand von seiner Schulter zu nehmen, zur geöffneten Autotür, bis dieser auf den Vordersitz geglitten ist. Der Motor wird angeworfen, der Fahrer legt den Gang ein. Frère Roger wirft schwungvoll die Tür ins Schloss, schon rollt der Wagen los und verschwindet in einer kleinen Kurve hinter dem Häuschen mit den Mülltonnen, auf dem Weg, der zur Dorfstraße führt.

Alle winken hinterher, und hören, kaum ist der Bruder aus den Augen, Frère Roger jedes Mal sagen: »Nun sind wir allein.« Das klingt maßlos übertrieben und löst Heiterkeit aus. Es nimmt etwas von der Anspannung, lindert möglichen Abschiedsschmerz und gibt doch unverkennbar das Gefühl wieder, das Frère Roger bei jedem Abschied beschleicht. Eine Erfahrung tiefer Einsamkeit, eine Ohnmacht den Verhältnissen auf der Erde gegenüber, die sich in Zeit und Raum abspielen, also auch in Abschied und Trennung.

Frère Roger litt darunter, wenn ein Mensch, den er lieb gewonnen hatte, aus welchem Grund auch immer seine nächste Umgebung verließ. Das blieb ihm nicht erspart, wie sollte es anders sein. Es fiel ihm schwer, wenn Brüder auf lange Zeit in ferne Länder aufbrachen.

Noch tiefer grämte er sich, wenn ein Bruder sich innerlich von der Gemeinschaft entfernte, insbesondere wenn er Grund hatte anzunehmen, dass dieser einem Trugschluss erlegen war. Da irrte sich Frère Roger selten. Dennoch brachte er es nicht über sich, ihm das Vertrauen zu entziehen. Manch einer verließ Taizé nach einigen Monaten oder Jahren ganz. Frère Roger sah den einzelnen Menschen, der auch nach einem einschneidenden Ereignis nicht aus der Welt war. Wenn nötig, legte er für ihn ein gutes Wort ein.

*

Die Kirche ist bis auf den letzten Platz gefüllt. Es ist drückend heiß, die Luft ist zum Schneiden. Wie an jedem Donnerstag begibt sich Frère Roger nach dem Abendgebet mitten unter die jungen Leute, setzt sich auf seinen Hocker, nimmt ein Mikrofon zur Hand und beginnt zu erzählen. Er spricht über das Leben mit Christus. Nach einer kleinen Pause sagt er zu meiner Überraschung, er habe einen faszinierenden Gedanken gehört, der ihn tief beeindrucke. Ein Bruder habe einen Vergleich zwischen der engen Verbundenheit eines Laufsportlers mit seinem Trainer und der des Christen mit Christus gezogen. Man solle nie eine Distanz zulassen, weder zum vorauslaufenden Trainer noch auf der Bahn, in der man hinter Christus läuft. Frère Roger zitiert das, als hätte er es eben, kurz vor dem Abendgebet in der Sakristei, erfahren. Der, von dem die Einsicht stammte, lebte aber schon seit Jahren nicht mehr in Taizé. Im Herzen von Frère Roger war er indes ganz nahe, hatte er immer noch etwas zu sagen.

Diese Fähigkeit, sich in andere einzufühlen, sie sich in der Gegenwart und nicht nur in der Erinnerung zu bewahren, an Entwicklungen in ihrem Leben Anteil zu nehmen, auch wenn sie nicht zugunsten eigener Vorstellungen ausfallen, reichte über den geläufigen Rahmen mönchischer Gemeinschaft hinaus. Frère Roger sah in jedem, der sich ihm anschloss, einen Menschen, den man nicht restlos begreifen und somit auch nicht durch eine Auflistung von Ratschlägen oder Geboten steuern konnte. In den Dingen des Herzens war nichts beliebig, blieb aber alles offen. Es gab keine Ordnung, keine Regel, die dies bändigen konnte. Das wäre ihm zu einfach vorgekommen.

Gemeinschaftsgeist

Frère Roger war selbst kein Ordensmann im gängigen Sinn. Er erschien einfach als Bruder, Frère, ohne jeden Zusatz. Er hatte sich früh für das Mönchtum interessiert, vor allem für seine Sprengkraft bei erstarrten kirchlichen Verhältnissen. In jungen Jahren und später suchte er alle klassischen Ordensgemeinschaften auf. Eine gewisse Faszination übten auf ihn zunächst die Kartäuser aus. Als sich diese bei näherer Betrachtung jedoch als eine Genossenschaft von Einsiedlern entpuppten, die an möglichst abgeschiedenen Orten wie einer verwilderten Gebirgsschlucht lebten, ging seine Begeisterung zurück.

Andere Orden waren ihm zu eifrig auf Kultur und Kultivierung aus oder betonten aus seiner Sicht zu einseitig die Sozialarbeit und zu wenig das zweckfreie, gemeinsame Gebet. Manche verloren sich für ihn in einer Vielzahl von Gottesdiensten und vernachlässigten dadurch den Dienst an der Gesellschaft. Frère Roger lag auch nichts an einer planmäßigen Verbreitung des Glaubens, der alles andere untergeordnet wird. Am ehesten entsprachen ihm bescheidene Gruppierungen, etwa die Kleinen Schwestern und Brüder Jesu, die nach dem Vorbild von Charles de Foucauld leben. Ihr Gebet, das aus der Stille kommt, die Geschmeidigkeit, mit der sie sich den örtlichen Verhältnissen anpassen, und ihre ungekünstelte Nähe zu benachteiligten Menschen beeindruckten ihn tief.

In keiner Ordensgemeinschaft wirklich angekommen, versuchte Frère Roger sich an einer neuen. Für ihn hatte Mönchtum mit Herzensinnigkeit zu tun. Er vermied zeit seines Lebens, sein Vorhaben groß zu beschildern, wenn er danach gefragt wurde. »Wir sind monastisch inspiriert« – mehr war ihm kaum zu entlocken. Gemeinsames Leben als abgesicherte Institution mit Terminen für Geselligkeit, Bruderräten samt Tagesordnung, Wahlgängen für Amtsinhaber, disziplinarischen Maßnahmen oder vorgefertigten geistlichen Übungen widerstrebte ihm. In einer solchen Gemeinschaft hätte er wohl das Weite gesucht.

Ihm ging es wie im Gottesdienst nicht um die Form an sich, sondern darum, wie der Einzelne ausfüllen kann, was zu einem gemeinsamen Leben nötig ist. Dazu brauchte es ruhige, beherzte Persönlichkeiten, die auf eigene Füße kamen. Frère Roger spielte den Einzelnen nicht gegen die Gemeinschaft aus. Abgesondertes Eigenleben auf Kosten der Gemeinschaft lag ihm indes ebenso fern. Nur war dies mit keiner Vorschrift zu verhindern.

Irgendwann wird Frère Roger am Ende der Mahlzeit bei Tisch sehr ernst. Er vergleicht bestimmte Formen des gemeinsamen Lebens mit einem Schweizer Käse. Erhöhte, gespannte Aufmerksamkeit in der Runde. In solchen Gemeinschaften, erläutert er, sitzt jeder in seinem Loch, und schaut nur ab und zu hinaus, ob es die anderen noch gibt. Die Brüder sehen sich vielsagend an und lachen dann über den Vergleich, der – da sind sie sich einig – bei Frère Rogers Herkunft naheliegt.

Ob der Prior seine Gemeinschaft in der Gefahr sieht, zum Käse-Rad herabzusinken oder nicht, bleibt offen. Immerhin trifft er über kurz oder lang eine vorbeugende Maßnahme. Die Küche, bislang im untersten Geschoss des großen Hauses untergebracht, war für viele seiner Bewohner eher entlegen. Sie wandert auf sein Geheiß in die Mitte der vier, fünf Gebäude, die die Gemeinschaft bewohnt. Zwischen zwei Häusern wird eine viel benutzte Durchfahrt mit dünnen Mauern geschlossen, die durch ihre Holzverkleidung an Barackenwände erinnern.

Frère Roger ließ nichts zu, was die Gäste über die Maßen beeindrucken könnte. Sobald die Temperaturen stiegen, fand das Mittagessen im Freien unter einer Lindenallee statt.

Er hielt es mit einer stimmigen, zweckmäßigen Architektur, die niemanden erschlägt. Die *Kirche der Versöhnung* mit ihren hohen Pfeilern und ihrem weit überragenden Betondach hätte er im Nachhinein am liebsten in die Erde vergraben. Ich war dabei, als er einmal verzweifelt einen Statiker verabschiedete, der ihm geduldig auseinandergesetzt hatte, warum dies ein Traum bleiben würde.

Die Küche war vom Rand der wachsenden Gemeinschaft in deren Mitte gerückt. Man konnte nun kaum mehr von den Zimmern in die Werkstätten oder zum Gelände der Jugendtreffen gelangen, ohne sie zu durchqueren oder dank der kleinen Glasfenster in den Türen zu sehen, was dort vor sich ging. In ihr steht ein großer Tisch mit einem Wachstuch, das jeder Wohnküche zur Ehre gereichen würde. In einer Ecke, nur durch zwei Schränke leidlich abgetrennt, wurden lange Zeit die Mahlzeiten zubereitet. Jederzeit konnte man sich eine Kleinigkeit aus dem Kühlschrank nehmen und Kaffee oder Tee trinken. Dort in der Küche war auch im übertragenen Sinne der Herd der Gemeinschaft. Ein Ort der Begegnung, wie er für Kartäuser entbehrlich ist, die einzeln auf ihren Zellen essen, nachdem der Küchenwagen im Gang vorbeigerumpelt kam.

*

Es ist gegen zwei Uhr nachts, an einem frühen Herbsttag. Ich habe E-Mails an die vielen Gäste im Süden und Osten Deutschlands abgesetzt, um sie über die November-Termine der alljährlichen »Nacht der Lichter« in ihren Ortskirchen zu informieren. In Deutschland plant man lange voraus, und die Zeit drängt. In der Küche liegt die abgegriffene Lokalzeitung. Ich lese mich an einem Artikel fest und kaue dabei ein Stück Käse. Die Tür zum Gang öffnet sich, herein kommt Frère Roger, der sich schon zu Bett begeben hatte. Jetzt ist er sichtlich erfreut, jemand anzutreffen. Er sagt nicht viel, erzählt eine Begebenheit, deutet eine Sorge an und endet mitten im Satz. Ich frage nicht nach, weil ich spüre, dass es in dem Moment nicht passt. »Wie gut, dass du gerade hier bist ...«, schließt er nach einer Pause. Sein Blick sagt mehr als jedes Wort. Etwas muss ihn im Lauf des vergangenen Tages verletzt haben.

Frère Roger brachte es schwer übers Herz, seine Stärken gegen jemand anderen auszuspielen. Dass er sich als schwach empfand, dass er nicht anders konnte, als zwischen den Stühlen zu sitzen – und daran hielt er fest, als ginge es um sein Leben –, dass er angreifbar war, dass der Erstbeste, der eine geschlossene Weltanschauung zu verteidigen hatte, ihn zurechtweisen konnte, hat er hingenommen. Aber er hat es oft auch als bittere Kränkung erfahren. Das steht im Raum, weit nach Mitternacht, hier in der Küche.

Frère Roger freut sich einfach, in diesem Augenblick nicht allein zu sein. Keine leichte Berührung an der Hand oder dem Unterarm wie sonst. Aber eine tiefe Nähe, als ob er mir sein Herz ausschütten will.

Er tut es nicht. Stattdessen steht er auf, öffnet die Tür und geht zügig auf dem Gang zu seinem Zimmer zurück. Ich bleibe an der Tür mit den Glasfenstern sitzen und sage mir: Du liebst diesen Mann für seine Art, auch ohne Worte Gefühle zu teilen.

Quellwasser

Es ist die Zeit, in der Frère Roger aufmerksam beobachtet, dass in weiten Teilen der Welt die Eintrittszahlen der geistlichen Gemeinschaften und Seminare im freien Fall sind. Unbeirrbar und mit spitzer Feder beginnt er, die Regel für die Gemeinschaft, die er ein Vierteljahrhundert vorher selber verfasst hatte, auf die Wortwahl zu prüfen, sie zu straffen, zu entschlacken.

Er hat keinerlei Ehrfurcht vor Gedrucktem. Eine Niederschrift ist für ihn kein unumstößliches Monument. Aufgeschriebenes bleibt für ihn stets hinter dem eigentlichen Leben zurück, gerade hinter der Vielschichtigkeit von Beziehungen: unter den Menschen und besonders der zu Gott.

Ständig fragt er sich, welche Ausschmückungen eines Textes von den wesentlichen Aussagen ablenken könnten. Peinlich genau fahndet er nach Ausdrücken, die geeignet sind, einen Leser zu verletzen oder zu verbittern. Es ist Frère Roger nicht gelungen, dies ganz zu vermeiden. Wer ihn aber einmal dabei erlebt hat, wie er Halbsätze hin und her wendete und um einen Ausdruck rang, konnte ihm keine Aussage übelnehmen.

Nach langem Suchen kommt Frère Roger der feinsinnige Gedanke, die Regel nur noch als *Kleine Regel* durchgehen zu lassen. Als er den ursprünglichen Text verdichtet und gekürzt hat, nennt er ihn *Quelle* bzw. *Quellen für ein Leben in Gemeinschaft*. Das Leben, wie es ihm vorschwebt, reguliert oder nicht, speist sich aus einem tieferen Ursprung, einem Quellwasser, das heilt. Er streicht ordenskulturelle Lebensweisheiten, damit die *eine* Weisheit ungehinderter zutage tritt – jene, die schon im Alten Testament wie eine Person bedichtet wird und später für die Christen einen Namen bekommt: Jesus Christus.

Die neue Fassung, das ergab sich von selber, scheint noch mehr auf die Selbstständigkeit des Lesers zu vertrauen. Sie wirkt ebenso wirklichkeitsnah, spricht aber unmittelbarer sein Herz an. Damit wurde wie nebenbei ein Vorbehalt weiter entkräftet, den seit dem 16. Jahrhundert viele Christen hatten. Sie sahen nicht ein, warum christliches Leben in eigentümlichen Gemeinschaften so fürsorglich zu regeln sei, dass die unmittelbare Beziehung zu Christus stellenweise in den Hintergrund geraten kann. Der gemeinschaftliche Bezug auf Christus – Frère Roger geht mit Dietrich Bonhoeffer so weit, vom »Christus, der Gemeinschaft ist« zu sprechen – bleibt davon unberührt.

Wenn es stimmt, was man von Ordensleuten hören kann, nämlich dass das Leben in einer Gemeinschaft besonders für Leute geeignet ist, die einen Weg vorgegeben haben möchten, auf dem sie Gott suchen und deshalb einer besonderen Form bedürfen – bei Frère Roger griff das nicht. Er sah die mäandernden Ausläufer im Lebensfluss jedes Einzelnen und damit wohl eher einen im Entstehen begriffenen Roman mit vielen Personen als eine Form, in die man sich eingießen ließ. Seine Gemeinschaft sollte gewiss nicht dazu dienen, asketische Lebensträume von Alleingängern zu ermöglichen oder zu erleichtern. Die Askese lag, wie er manchmal einräumte, im Zusammenleben an sich. Dieses sollte zeichenhaft sein für eine Gemeinschaft in der Kirche, bei der die einzelnen Teile einander umfangen.

Das erinnert an ein Puzzle. Aber ein vollkommenes, in sich aufgehendes Ensemble von Pappstücken scheint Frère Roger gerade nicht gewollt zu haben. Bei allem Sinn für Stimmigkeit, konnte er wohl selber nur in einem Puzzle vorkommen, das nie zur Gänze aufging. Man setzt die Teile zusammen, wie man will – die Rundungen passen nicht. Entweder überlappen sie sich oder es bleibt eine Lücke. Frère Roger war nicht der Mann, sie mit Gewalt ineinanderzudrücken.

Er suchte, so kann man vielleicht sagen, eine Gemeinschaft im Glauben, die nach innen nicht erschöpfend ist und nach außen niemanden abschreckt. Eine Gemeinschaft, die anziehend wirkt auch für Menschen, die nicht immer mithalten können. Eine Gemeinschaft, die eben zu Herzen geht – und die Platz lässt für Christus, der unerkannt mitten in ihr wohnt und auf den man sich von ganzem Herzen einlassen kann.

*

In dieser *Quelle* von Taizé, wie zuvor auch in der *Regel*, wird als ein Element des gemeinsamen Lebens das sogenannte *Lebensengagement* bedacht, das dort *engagement de vie*, also nicht *engagement à vie* genannt wird. Damit wird, nimmt man den Begriff wörtlich, mehr der augenblickliche, ungeteilte, volle, bedingungslose Einsatz des Lebens als der Einsatz mit lebenslänglicher Bindung angesprochen. Solche Feinheiten können auch einem erfahrenen Übersetzer entgehen.

Frère Roger sprach von einem *Ja*, das bis zum Tod gilt, legte aber zugleich großen Wert darauf, dass dieses *Ja* nicht zu einem Menschen, sondern zu Christus gesagt wird. Es ist ein *Ja*, das auf die Barmherzigkeit Gottes zählen kann und auf eine Gemeinschaft der Brüder, die es umfängt, es in seiner Unbedingtheit und Unverfügbarkeit anerkennt.

*

Einmal sagte Frère Roger zu mir, er finde es seltsam, ja es mache ihn misstrauisch, dass in der Gemeinschaft seit einiger Zeit alles glattginge. Für ihn war das ein Zeichen, dass etwas nicht stimmte. Es konnte einem so vorkommen, als sei er geradezu darauf angewiesen, dass sich in seiner Lebenswelt immer einmal Dramen, wenn nicht Tragödien ereigneten. Er suchte sie keineswegs. Wenn aber nichts mehr da war, worunter man leiden musste, war für ihn das Leben wie erloschen.

Er bewunderte jeden, der achtsam auf die kleinen Dinge treu sein Tagewerk verrichtete, aber es faszinierte ihn nicht. Leidenschaftlich konnte er sich Brüdern widmen, die Verletzungen verschiedenster Art aus ihrer Jugend mit sich herumschleppten und damit nicht selten das gemeinschaftliche Leben beschwerten. Ihnen verwehrte er wenig, sie konnten unter anderem nach Herzenslust reisen.

In seiner Nähe war es ratsam, sich nicht mit einem anderen vergleichen zu wollen, sondern selbstbewusst zu den Eigenarten zu stehen, die man selber und die anderen aufwiesen.

Wenn es darum ging, Wettbewerb auf Kosten weniger Begabter zu verhindern, war Frère Roger erfinderisch. So ließ er sich, Briefgeheimnis hin, Studiennachweis her, die Post mit den Resultaten der Theologie-Semester junger Brüder an der Fakultät in Lyon bringen und warf sie kurzerhand ins Kaminfeuer.

*

Frère Roger als Prior zu behandeln, war schlecht möglich, weil ihm diese Bezeichnung im Lauf der Jahre offensichtlich abhandenkam. Vielleicht, frage ich mich, verlor er sie in dem Maße, wie er sich nur noch schwer zu Anweisungen aufraffen konnte, weil sie in seinen Augen mehr Distanz schufen als einen gemeinsamen Weg ebneten.

Er wollte seine Gemeinschaft mit Sanftmut und ohne Zwang führen. Er verschonte sie mit moral-apostolischen Ansprachen oder Predigten. Auch jemand zu sich zu zitieren, war ihm fremd.

Wenn etwas Unangenehmes zu sagen war, umschrieb er es manchmal so behutsam, dass sein Anliegen unkenntlich wurde. Dies ging so lange gut, wie die einzelnen Mitglieder darauf Rücksicht nahmen und nicht ihrerseits Frère Roger dazu zwangen, seiner Nachgiebigkeit eine Grenze zu setzen. Den einen oder anderen bat er, die Gemeinschaft wieder zu verlassen, weil er den Eindruck gewonnen hatte, er würde auf unabsehbare Zeit ihr geistliches Wachstum beeinträchtigen. An dieser Stelle war er empfindlich.

Mehr als das, was bleiben sollte, sah er, was sich ändern musste. Er konnte einen gemeinsamen Schlafsaal für die Brüder einrichten und wieder auflösen, er konnte Gesprächsgruppen anregen und den Vorschlag nach einiger Zeit wieder verwerfen. Wenn es der Entwicklung eines Bruders diente, ließ er die eigentümlichsten Dinge zu. Bisweilen gegen alle Vernunft, wie es schien, hoffte er auf eine Wende beim anderen, ohne sie selber herbeiführen zu können. Er musste manch bittere Einsamkeit von Brüdern erleben, an der nichts zu ändern war. Er nahm es schweren Herzens hin, weil er eine Schwelle sah, Grenzen, über die kein Mensch schadlos gehen kann. Wenn der ersehnte Umbruch ausblieb, richtete er die Frage, warum jemand scheiterte, lieber an sich selbst als an andere. Das konnte man aus mancher Bemerkung heraushören.

Mitunter befiel ihn da eine Art Schwermut. Es brachten wohl nur wenige fertig, ihn aus einer düsteren Gedankenwelt hinauszuführen, wenn sie sich wie ein bewölkter Himmel zuzog. Eine kleine humorvolle Bemerkung konnte ihn in solchen Momenten noch am ehesten erleichtern.

Im täglichen Umgang stellte er mehr Fragen, als einer beantworten konnte. Um ihn herum war Platz, keine Wüste, sondern bewässertes Land. Er wollte, dass die anderen wachsen – und er wusste, dass Menschen über sich hinauswachsen können. Wenn man ruhig zum eigenen Lebensweg stand, achtete er dies. Dann ließ er einen gewähren, auch wenn ihm dabei einmal unbehaglich zumute war. Er machte es einem leicht, selbstständig zu werden oder zu bleiben. In seiner Nähe zu sein war für mich, wie für viele, stets etwas Besonderes. Missgunst, Misstrauen, der Zwang, sich auf dem Rücken anderer behaupten zu wollen, und ähnlich schädliche Eigenarten der inneren Natur traten im Laufe der Zeit zurück. Dafür gewann Raum, was er »die Güte« nannte. Freiheit von sich selber. Lust, sich anderen zuzuwenden und ein erfülltes Leben zu führen.

Frère Roger weckte das Beste, das ich in mir hatte. »Das kannst du schon …«, sagte er in einem Tonfall, dass man auf der Stelle überzeugt davon war. Ich erinnere mich, dass er einmal bei meiner Rückkehr von einer sehr weiten, aber kaum dreiwöchigen Reise begann, meinen Namen zu singen. Einfach nur so, allein für mich. Sonst war niemand in seinem Zimmer. Ich konnte das damals, wem erginge es anders, fast nicht verkraften, derart rührte es mich an. Frère Roger führte andere durch seine Weite an ihre Grenzen. Er legte einen aber niemals auf diese Grenzen fest.

*

Er liebte und achtete das Kantige. Er war auf ein starkes Gegenüber angewiesen, das ihm nicht nach dem Munde redete. Er hat es einem nicht verübelt, wenn man ihm, unter vier Augen, widersprach. Eine starke Persönlichkeit will letztlich auch nur starke Menschen um sich, dachte ich mir mehr als einmal.

Es fiel einem indes nicht leicht, Frère Roger unbefangen entgegenzutreten. Für manche war es schier ein Ding der Unmöglichkeit, und man kann es ihnen nicht verdenken. Machte man ihm einen Vorschlag, wehrte er oft ab – und ging später doch darauf ein. Das war vielleicht einer gewissen Ängstlichkeit geschuldet, unter Druck handeln zu müssen.

Ich sagte ihm einmal – vielleicht hatten andere dieselbe Idee –, man könne doch im Altarraum etwas einbauen, das wie in den Himmel hinauflodert. Doch Frère Roger wollte nichts, was die Kirche hoch erscheinen ließe. Er hatte kurz zuvor die Lampen absenken lassen, um einen Raumeindruck zu erzielen, der an niedrige Katakomben erinnert. Ich fand mich damit ab, dass mein Vorschlag anscheinend nicht auf fruchtbaren Boden fiel, mit seinem Weitblick konnte ich mich nicht messen.

Ein, zwei Monate später hingen jedoch auf einmal rote Tücher wie Flaggen von der Decke des Chors. Daraus wurden – nachdem sich jemand darüber lustig gemacht hatte, dass dies wie eine gelungene Dekoration zum Kampftag der Arbeiterklasse aussehen würde – später orangerote Fahnen im Altarraum. Stoffstreifen, die sich nach oben verjüngten und die der Luftzug aus den seitlichen Fenstern mit leichten Wellen in Bewegung hielt. Darüber, wie es zu seinem Umdenken gekommen war, fiel nie ein Wort.

*

Sitzungen fanden in Taizé nie statt, wie ich einmal zum Entsetzen einiger Verbandskatholiken bei einer Gesprächsrunde von Erwachsenen zum Besten gab. Frère Roger war der Ansicht, dass der Austausch, der Informationsfluss nirgendwo besser lief als in Einzelgesprächen, bei denen man sich dem anderen unbeeinflusst öffnen konnte. Dem Versuch, jedem nahe zu sein, widmete er täglich viele Stunden. Allein aus diesem Grund war er anerkannt.

Oft fuhr er seine Gesprächspartner mit einem verbeulten »hässlichen Entlein« durch die sanft hügelige Landschaft. Auf kleinen Wanderungen ging er mit ihnen kundig auf Anhöhen, wo man im Frühjahr und Herbst noch die letzten Sonnenstrahlen auffangen konnte. Zuweilen schlug er unbefestigte Wege ein, manchmal auch über eine eingezäunte Weide, nicht ohne sich vorher vergewissert zu haben, ob da zwischen den weißen Kühen des Charolais ein reizbarer Zuchtbulle stand. Das war der Landwirt in Frère Roger.

Der Seelsorger in ihm hatte einen unermesslichen inneren Speicher, in dem er alles aufbewahrte. Das war der Schatz, aus dem er schöpfte, um die täglichen Entscheidungen zu fällen, für sich wie für die anderen. Entscheidungen freilich, die widerruflich blieben, weil die Entwicklung für ihn auf Dauer nicht absehbar war. Nach außen wirkte das manchmal wie ein Hin und Her. Im Alltag wurde selten deutlich, wo sich ein plötzlicher Umschwung verankerte. Frère Roger machte wie viele andere die Erfahrung, dass es Ereignisse gab, denen keine Entscheidung gerecht wurde. Dennoch musste eine getroffen werden, damit das Leben nicht zum Stehen kam. Zaudern war für ihn mit der Suche nach und der Liebe zu Gott unvereinbar.

*

Frère Roger betonte immer wieder, er sei kein spiritueller Meister. Er wollte es nicht sein. Gut gemeinten, leicht hingesagten Trost hätte er als Vergewaltigung des Glaubens empfunden. Da fielen keine wohlgesetzten Worte, um etwas zu entschärfen, was einfach nur schrecklich war. Solche Ehrlichkeit bewährte sich im Leben der Gemeinschaft. Auch ihre jungen Gäste hatten da ein feines Gespür und rechneten sie Frère Roger hoch an.

Eben war ein neunundzwanzigjähriger Deutscher gestorben, seit einigen Jahren Bruder in Taizé. Er hörte Genesis und Klaus Doldinger und würzte seine Bibelarbeiten bei den Jugendtreffen mit feinem Humor. Dann wurde er schwer krank. Monate hindurch hatte er gegen sein tückisches Leiden angekämpft. Nach Aufenthalten in deutschen Krankenhäusern war er für die letzten Tage seines Lebens auf den Hügel von Taizé zurückgekehrt. Seine Eltern und seine Schwester waren bei ihm, wohnten mitten unter den Brüdern, gleich neben dem Zimmer, in dem er sich auf das Sterben vorbereitete. In der Todesstunde ließ Frère Roger die Familie mit ihrem Sohn und Bruder allein. Zuletzt legte der Bruder die Hände übereinander, für seine Familie ein Zeichen, dass er im Glauben gestorben war.

Nachdem sie das Zimmer verlassen haben, weint Frère Roger mit ihnen. Haltlos, trostlos, ohnmächtig, zutiefst getroffen und verwundet, ohne Verständnis für einen solchen Tod. Kein beschwichtigendes Wort, keine Glaubensformel, einfach nur fassungslose Nähe, der man sich stumm zugehörig fühlen kann. Dann läuten die Glocken, rufen zum Mittagsgebet mit den Gästen in die große Kirche. Irgendjemand ist in der Lage, die Gesänge anzustimmen. Viele Jugendliche scheinen zu spüren, dass etwas vorgefallen ist. Noch tiefer als sonst wirkt die Stille.

Die Lichter, die in den ziegelroten hohlen Blöcken flackern, die im Chor aufgestellt sind, haben auf einmal etwas Tröstliches. In der Ostkirche leuchten sie für alle, die den Betenden zu Gott vorausgegangen sind, sagt Frère Roger leise am Ende des Gebets. Und er zitiert aus der Offenbarung des Johannes: Gott wird jede Träne von den Augen abwischen. Derselbe Satz wird Jahre später in dieser Kirche auch am Abend seines Todes fallen.

*

Frère Roger war stets klar, dass er persönlich für seine Gemeinschaft haftet. Er spürte dies als eine große, manchmal belastende Verantwortung. Gegen alle Widerstände hielt er an seinen grundlegenden Vorstellungen fest. Er wollte keine selbstherrliche Gemeinschaft, die sich für besser hielt als der Rest der Christenheit, sondern eine, die im Herzen der Kirche verwurzelt ist. Er bewunderte die Herrnhuter Brüdergemeine des Grafen Zinzendorf. Der hielt die Mitglieder an, sonntags zum Gottesdienst in die örtliche Kirchengemeinde zu gehen, anstatt unter sich zu bleiben.

*

Manchmal ertappte ich mich bei der Frage, warum Frère Roger um jeden Preis in einer Gemeinschaft leben wollte. Das kam mir bald ebenso unverständlich vor wie die Tatsache, dass Jesus, der weiß Gott allein zurechtgekommen wäre, ausgerechnet einen Kreis von unterschiedlichen Männern und auch Frauen um sich scharte, der ungeschönt in den Evangelien beschrieben ist.

Warum wollte Frère Roger mit anderen sein Leben teilen? Er war immer allen voraus, spürte längst, was tragfähig war und was nicht, hatte eine Menschenkenntnis, die ihresgleichen sucht. Wie oft übte er sich in Geduld, schob Vorhaben auf, weil sie von diesem oder jenem missverstanden wurden oder Ängste auslösten. Frère Roger sagte nie: Ich habe das alles hier aufgebaut, und nun versteht mich keiner. Er betonte häufig, dass er säen und nicht ernten wolle. Indes war er empfindlich für Dankbarkeit, empfänglich für kleine Bemerkungen, mit denen jemand sein Leben schätzte – wie jeder andere auch.

*

Drei Tage vor seinem Tod betrete ich sein Zimmer. Er schaut mich lange an, mit fragenden Augen, wie mir scheint. Ich sage zu ihm, was ich für kein Geheimnis zwischen uns halte: »Ohne dich würde ich jetzt nicht hiersitzen, wäre ich nicht der geworden, der ich bin.« Seine Augen leuchten, wie immer, wenn man einfach sagte, was man ehrlich und tief empfand. Ich bin heute froh, dass unsere nicht allzu häufigen und nicht immer einfachen Gespräche auf diese Weise endeten. Im Letzten war wohl auch er mit sich allein, konnte ihm keiner folgen.

Heimatlos

Wenn Kühe unzufrieden sind, lassen sie es alle in ihrer Umgebung wissen. Es mag durchaus laut hergegangen sein, an dem Tag, an dem in der Gemeinschaft von Taizé der Kuhstall aufgelöst wurde. Die prämierten Tiere mussten sich den Hügel hinunterbequemen, auf eine Weide mit Artgenossen weniger ausgezeichneter Herkunft.

Frère Roger, der von Zeit zu Zeit gestand, dass er statt ein Geistlicher auch Schriftsteller oder Bauer hätte werden können, hing am ländlichen Leben. Er konnte eine halbe Nacht wach bleiben, wenn sich die Geburt eines Kalbes ankündigte. Die Landwirtschaft der Brüder stand ansehnlich da. Sie hatte aus seiner Sicht nur einen Fehler: Sie vermittelte den Eindruck, die Gemeinschaft würde in Erfolg baden, einem gut aufgestellten Kloster gleichen, zu dem stets eine stattliche Landwirtschaft gehört. Überdies machte man sich bei den benachbarten Bauern mit einem Musterbetrieb nicht gerade beliebt. Viele von ihnen hatten es schwer, wirtschaftlich zu arbeiten. Der Boden um Taizé ist in jeder Hinsicht steinig. Harte, undankbare Feldarbeit weckt Missgunst.

Da erschien im *Osservatore Romano*, der in Taizé ebenso gelesen wurde wie die *Lutherischen Monatshefte* oder die *Evangelischen Kommentare*, ein päpstliches Rundschreiben »Über den Fortschritt der Völker«. Der selbst dem bäuerlichen Milieu entstammende Johannes XXIII. ermutigte die Landwirte, sich auf freiwilliger Basis zusammenzuschließen. Gemeinsam würden sie bessere Erträge erzielen und könnten mehr freie Zeit haben, unter anderem für die Familien. Frère Roger ließ sich das nicht zweimal sagen. Er brachte die Gefährten in der Communauté mit schwer zu entkräftenden Argumenten und absoluter Überzeugung auf den Geschmack, die Landwirtschaft mit der anderer Bauern im Tal zusammenzulegen.

*

Die Kühe waren draußen, und die Leute kamen, formulierte Frère Roger Jahre danach hintersinnig lächelnd im Kreis der jüngeren Brüder, wohl in der Hoffnung, dass etwas vom Geist, der dahinterstand, bei ihnen hängen blieb.

Da war er wieder, der Hang zur Enteignung. Er bildete für Frère Roger einen geistlichen Wert. Unterwegs bleiben, weil man nichts wirklich besitzen kann. Mit seinem Leben nicht auf Leistungen setzen, für die man sesshaft werden muss. Es war das Besondere an Frère Roger, dass er die ersten Anzeichen solcher Entwicklungen wie ein erfahrener Arzt orten konnte, während der Patient allen anderen noch vollkommen gesund erschien. Wenn man sieht, wie weit manche Erstarrung in der Kirche fortschreitet und kaum mehr zu kurieren ist, wird man Frère Roger erst richtig dankbar. Dass Taizé ähnlich unbeweglich wurde, wusste er zu verhindern. Mit Widerstand hatte aber auch er dabei stets zu rechnen.

So stellte sich ein Teil der treuen Gästeschar, die sich in den ersten zwei Jahrzehnten in Form kleiner Taizé-Freundeskreise gebildet hatte, gegen die Ende der Sechzigerjahre aufkommenden Jugendtreffen. Auch die Brüder wollten damals nicht alle etwas von diesen großen Begegnungen wissen. Sie meinten in Taizé Ruhe und Muße gefunden zu haben, während für Frère Roger bald feststand, dass die Zurückgezogenheit, die er selber zunächst gesucht hatte, nicht zu beschaulicher Gemächlichkeit führen durfte. Dabei fiel es ihm nicht leicht, seine angeborene Scheu zu überwinden und sich der Öffentlichkeit zu stellen. Beim ersten, kurzen Interview mit einem französischen Starmoderator, starrte er beharrlich vor sich auf den Boden. Vielleicht weckte er gerade dadurch Interesse.

Den Zuwachs insbesondere an jungen Gästen erkannte er als ein seltenes Geschenk, das man weder durch Leistung noch durch Opfer herbeizwingen kann. Er begriff die Spannungen, die er mit manchen seiner Entscheidungen auslöste, als eine Chance für Taizé, lebendig zu bleiben. Und er sah darin wohl eine unverhoffte Möglichkeit, mit seinen breit angelegten Bemühungen um die Verständigung unter den Christen – eine Diskussion, die sonst eher eng geführt wurde – in der Gesellschaft wahrgenommen zu werden.

Vor allem aber würde damit verhindert, dass die Lebenswelt der Brüder hinter der Welt kommender Generationen zurückblieb. Es ging Frère Roger darum, über die Gemeinschaft hinauszuschauen, Augen und Ohren zu öffnen und im Fluss der Zeit zu bleiben. Zu verstehen, was die jungen Leute bewegt, und ihre Eigenheiten nicht selbstgefällig zu ignorieren. Zu begreifen, welche Gedanken sie sich über die Gestaltung ihres Lebens machen, anstatt sich in einer Gegenwelt zu gefallen.

»Enteignung« von Gewohntem war für Frère Roger kein Ziel, kein Zweck in sich, sondern befreite dazu, sich auf die Höhe der Zeit zu begeben. Sie war für ihn Leben mit Jesus Christus. Mit dem, der von sich sagte, er habe keine Stelle, wo er sein Haupt hinlegen kann, kein Vogelnest, keinen Fuchsbau, nichts. Entschiedener konnte man nicht zum Ausdruck bringen, dass Jesus für die Christen kein bestimmter, feststehender Ort, sondern der

Weg ist. Das sprach viele Jugendliche an. Es war folgerichtig, dass er diesen ein paar Jahre später zumutete, als Ablösung ihres »Konzils der Jugend« einen »Pilgerweg des Vertrauens« mitzugehen.

Beide Initiativen galten einem Planeten, den die Geschicktesten unter den Mächtigen und Reichen längst unter sich aufgeteilt hatten.

An Hab und Gut, auch geistlichem, lag Frère Roger wenig. Man kann sich sogar fragen, ob er auf der Erde überhaupt ein Zuhause suchte. Taizé war es für ihn nicht unbedingt. Er fühlte sich dort manchmal wie in der Fremde, sehnte sich zurück in die Schweiz seiner Kindheit und Jugend, wie er im Tagebuch andeutet.

*

Auf einer Fahrt in die Schweiz, auf der ich ihn begleite, ist er freudig gestimmt. Der Bruder, der uns fährt, lässt sich davon anstecken und nimmt die Haarnadelkurven im Jura mit gekonntem Elan. Die Autobahn nach Genf ist damals noch nicht einmal in Bau. Nach ein paar Windungen wird mir übel. Frère Roger fragt etwas, wendet sich um und sieht, dass es mir nicht gut geht. Sofort lässt er anhalten, bedauert mich, wie es keine Mutter besser kann, und überlässt mir für den Rest der Strecke den Beifahrersitz.

Bald erreichten wir die Höhen des Kantons Vaud. Aber auch dort, in seinem Heimatort, fühlte er sich nicht heimisch, das konnte man spüren. Es war ein Bilderbuch-Dorf, aus dem er stammte, er fürchtete aber, einige Bewohner könnten Unzuträgliches über seine Familie erzählen.

Frère Roger hatte keine Landschaft, aus der er lebte. Selbst die Gemeinschaft der Brüder wollte er nicht als lauschigen Ort gestalten. Sie sollte keinesfalls zu einer Art Dornröschenschloss werden, mit einer großen Hecke außen herum. Ein Bruder, der Rosen über alles liebte, konnte sich mit seinem Haag auf die Dauer nicht halten. Er züchtete sie bald wieder in der Schweiz.

*

Wenn ein Mensch sein Herz besonders mustergültig aufräumen will, läuft es Gefahr, zur Heimat von Dämonen zu werden – eine weitere Erfahrung, die Jesus seinen Zuhörern nicht vorenthielt. Frère Roger hatte sie gewiss im Ohr. Auch deshalb durfte Taizé für ihn kein Ort sein, an dem sich Stammgäste im geschützten Rahmen geistlich aufpolierten und dabei mehr und mehr nur noch sich selber und ihresgleichen wahrnahmen. Das gab er deutlich – bisweilen auch durchaus schroff zu verstehen.

Ihm lag daran, frei zu sein, alle in die Arme schließen zu können, die sich zum ersten und vielleicht einzigen Mal nach Taizé begeben, in welcher Aufmachung auch immer. Ungeschützt ist der, der an der Tür steht und anklopft. Christus wartet mit ausgebreiteten Armen, wie es auf der Kreuzikone in der Kirche von Taizé dargestellt ist. Nur wer sich nicht festgesetzt hat, wer klein bleibt, unfertig im Vorläufigen lebt, kann sich ihm seinerseits öffnen. Das wünschte Frère Roger seinen Gästen und seinen Gefährten von Herzen.

Das Geheimnis
der Gastfreundschaft

Menschenfreundlichkeit

Die Ampel schaltet auf Rot. Der Mittelklassewagen eines Paares in den Vierzigern kommt gerade noch zum Stehen. Es hat in der Mittagszeit einen Termin und ist der Mosel entlang zur Lütticher Innenstadt unterwegs. Plötzlich werden die hinteren Autotüren aufgerissen, zwei Männer springen hinein. »Bitte, zur Kathedrale«, gibt der ältere der beiden an. Eine Sekunde Schockstarre, dann wirft der Fahrer einen Blick in den Rückspiegel. Sein Gesicht entspannt sich. Der eine der beiden ungebetenen Fahrgäste, der so genau über sein Ziel Bescheid weiß, ist weiß gekleidet, mit Kapuze.

»Das ist ja Frère Roger!«, entfährt es dem Belgier. Ich sitze still daneben und bin heilfroh, dass der Fahrer nicht kurzerhand den Motor abstellt und uns hinauswirft. Seine Frau muss ebenfalls lachen, und schon biegen wir in eine Seitenstraße ein, die in eine Gasse mündet. Zwei, drei Straßenecken weiter stehen wir ganz in der Nähe der gotischen Basilika, deren Glocken bereits eine geraume Weile weit hörbar rufen. Da sind wir, knapper als fünf vor zwölf. Wir verabschieden uns flüchtig, huschen in die voll besetzte Kirche, werden in den Chor geleitet, und schon beginnt mit einem kräftigen Halleluja-Ruf das Mittagsgebet, zu dem Frère Roger eingeladen war.

*

Wir sind, es ist Beginn der Fastenzeit, zu dritt auf einer Reise. In einer Reihe von Städten sind Wortgottesdienste vorgesehen. Ein Bruder, der einst einen Pilotenschein hatte und ansonsten jede Verkehrssituation meistert, musste sich heute einmal geschlagen geben. Im Gewirr der Einbahnstraßen der ostbelgischen Stadt ist für Ortsunkundige kaum ein Durchkommen. Wir fahren mehrfach im Kreis. Navigationsgeräte sind noch nicht im Handel. Die Glocken läuten und läuten. Langsam verlässt Frère Roger seine gewohnte Zuversicht.

Eine Nervosität kommt auf, die man sonst an ihm nicht kennt, er blickt unruhig nach links, nach rechts und beginnt die Blätter mit seiner vorbereiteten Ansprache zwischen Daumen und Zeigefinger zu zerknittern. Eben hat sich herausgestellt, dass wir diese Straße schon einmal entlanggefahren sind. Hinter einem Auto mit Lütticher Kennzeichen müssen wir abbremsen. Da gibt es für Frère Roger kein Halten mehr. Ohne Ankündigung springt er aus dem Wagen und nach ein paar Schritten in das Auto davor.

*

Woher die Panik? Die Gefährten, mit denen er im Haus in Taizé zusammenwohnt, kann Frère Roger oft lange warten lassen. Nicht aus Unhöflichkeit oder gar Schikane, sondern weil er ganz einfach davon ausgeht, jedermann in der Gemeinschaft stimme mit ihm darin überein, dass die Seelsorge Vorrang vor allem anderen hat. Wenn man besucht wird, ist man für die Gäste da, ohne ständig auf die Uhr zu schielen. Er will, etwa abends in der Kirche, niemanden durchwinken. Er kümmert sich um viele, die dort auf ihn warten, als gäbe es keinen anderen Menschen auf der Welt. Das schätzt man an ihm, und das kostet Zeit, die eigene und die der Brüder.

Frère Roger nahm sie sich. Er ließ sich seine Art, Nähe zu zeigen, einen Raum der Vertrautheit zuzulassen, nicht rauben. Wer sich ihm bescheiden näherte, möglicherweise mit dem Gedanken, im

Vergleich zu ihm ein unbedeutender Christ oder Mensch zu sein, wuchs in der Begegnung, kam sich plötzlich wichtig vor. Bei Leuten, die von ihrer Bedeutung überzeugt waren, konnte er hingegen mit dünnen Lippen lächeln. Seine Augen verengten sich leicht, eine feine Art zu verstehen zu geben, dass aus seiner Sicht Vorsicht geboten schien. Da fand er bisweilen Worte, die von diesen Personen geflissentlich überhört wurden.

Menschen, die sich zum Teil von weit her auf den Weg gemacht hatten, um an einem Gottesdienst mit ihm teilzunehmen, begegnete Frère Roger mit tiefer Achtung. Er hätte es sich nicht verziehen, zu spät zu kommen und damit den Eindruck zu erwecken, ein namhafter Mann könne sich das leisten, seine Zeit sei kostbarer als die seiner Zuhörer. Dies hätte für ihn einen Schatten auf die Begegnung geworfen. Es hätte entwertet, was Frère Roger bei solchen Gelegenheiten über die Hochachtung der Christen voreinander und vor anderen Menschen zu sagen hatte. Also ließ er es dazu erst gar nicht kommen. Und dafür war kein Einfall zu verwegen.

Auch bei den täglichen Stundengebeten in Taizé bemühte sich Frère Roger, vor den Gästen da zu sein. Doch kamen viele schon so früh in die Kirche, dass dies kaum zu verwirklichen war. Die Demut, mit der Frère Roger sich unter sie setzte oder hinkniete, spürten viele jedoch ganz deutlich. Manche, die vorher nicht recht wussten, was sie mit so einem Gottesdienst anfangen sollten, lasen daran ab, dass sie in Taizé am richtigen Platz waren.

Wenn ein Liebender zur Geliebten kommen möchte, ist jedes Mittel recht. Das wissen alle, die einmal verliebt waren. Wenn es in dem einen Auto nicht weitergeht, dann spring bitte schön ins nächste. Ich habe es mir gemerkt.

Feldversuch

»Die Jugendlichen werden Sie an der Nase herumführen«, sagten einige Frère Roger voraus. Sie trauerten den Zeiten nach, in denen sie in überschaubaren Gruppen familiäre Tage in Taizé genossen hatten. Als ich mit einigen Freunden in den Siebzigern zu einem ersten Wochentreffen nach Taizé kam, schien uns Taizé gerade offen genug. Stimmte unser Eindruck, oder war die behauptete Großzügigkeit nur eine Fassade, hinter der jemand die Fäden in eine ganz bestimmte Richtung zog? Da schauten und hörten wir damals genau hin.

*

Unsere erste Woche in Taizé ist fast vorbei. In ein paar Tagen sind die Sommerferien auch in Bayern zu Ende. Am Sonntag nach dem Gottesdienst, eben ist ein schwerer Regenschauer niedergegangen, bekommen wir noch einen zu fassen, der für den »Empfang« zuständig ist. Wir nehmen ihn gehörig in die Mangel. Es ging das Gerücht um, der Ordnungsdienst habe in der letzten Nacht einige Jugendliche vor die Tür gesetzt, die bei den Treffen hier nichts verloren hätten. Gastfreundschaft für alle und dann Leute fortschicken – das reimt sich für uns nicht zusammen, da droht Taizé an sich selbst zu scheitern.

Der arme Kerl, der offensichtlich über den Vorfall nicht Bescheid weiß, versucht uns zu erklären, dass ein Ort wie dieser auch Leute anzieht, die mit dem eigentlichen Ziel der Treffen nichts im Sinn haben, sondern sich nur durchfuttern und Mädchen abschleppen wollen. Erst gestern habe man zwei Halbwüchsige, die einige Tage in sonderbaren Mönchsgewändern herumgelaufen und als etwas lichtscheu aufgefallen seien, des Ortes verwiesen. Plötzlich seien die beiden über einen Acker losgerannt und dabei wären aus den Kutten ein halbes Dutzend Büchsen mit Konserven aus der großen Küche gefallen.

Wir bleiben skeptisch, aber im Hinterkopf dämmert es uns, dass wir mit unserem Musterbild vielleicht überzogen haben. In der Sache bleiben wir hart und doch beim Grundvertrauen, das wir in Taizé setzen.

*

In den Jahren, als sich Taizé vor jungen Leuten kaum retten konnte und Frère Roger noch alle seine Kräfte zur Verfügung standen, fand er nicht viel dabei, gerade auch den Unbequemen, den schwer zu Duldenden Zeit zu schenken. Er wusste, dass die Jugendtreffen Vertrauenssache sind. Gegenstand eines Vertrauens, das man sich immer wieder neu erwerben muss. Zutrauen hatten die Jugendlichen in Menschen, die zugaben, dass sie Fehler machen und entsprechend auch Kritik einstecken können. Das scheint sich Frère Roger zu Herzen genommen zu haben.

*

Ein paar Monate nach meinem ersten Aufenthalt in Taizé stieß ich auf einen Zeitschriftenartikel über die Jugendtreffen. »Letzter Versuch mit der Kirche«, ist er fett gedruckt überschrieben. Letzter Versuch. Hunderttausende Gleichaltriger haben ihn damals gemacht, von kirchlichen Gewohnheitstieren übersehen, abgetan oder gar gelästert. Letzter Versuch, danach war nichts mehr. Die Kirchen – oder wer sich dafür hielt – zogen sich oft vor den unbequemen Leuten zurück. Wen wollen wir noch haben? Wem weinen wir eine Träne nach?

Die Kirche auf dem Rückzug war vielen Kindern einer schnelllebigen Zeit keinen zweiten Versuch wert. Seitdem hat sich die Frage für die eifrigsten Verfechter kirchlicher Makellosigkeit verschärft: Wen dürfen, wen sollen wir noch haben? Auf wen müssen wir verzichten? Es ist die alte Frage nach dem Ausschluss »im Namen Gottes«. Er droht seit dem Apostelkonzil in Jerusalem, wie es im Neuen Testament geschildert wird, bis zu den Synoden von heute. Wer passt zu uns, wer nicht? Wer kann vielleicht gerade noch als Mitglied zweiter Klasse gelten?

Letzter Versuch – und Schluss. Frère Roger war sich der Verantwortung bewusst, die er übernommen hatte, als er es zuließ, dass sich Jugendliche in großer Zahl auf dem Hügel von Taizé aufhielten. Er hat sich diesen Jugendlichen auch in unbequemen Lebenslagen gestellt. Dann wenn es anstrengend wurde, wenn es hart auf hart ging, eine unerbittliche Frage auf die andere folgte. Wollten sie ihn tatsächlich an der Nase herumführen, wie es manche vorhergesehen hatten, nahm er es mit ein wenig Humor. Nach langen Stunden, in denen er junge Leute in der großen Kirche von Taizé angehört hat, schreibt er einmal in sein Tagebuch, sie hätten ihn in seine letzten Verteidigungsstellungen zurückgeschlagen, angriffslustig, zum Teil eiskalt.

Er hatte die Gabe wahrzunehmen, was sich hinter den kühlen Anfragen verbarg. Er sah den Jugendlichen ins Herz. Sein Tagebuch ist voll von solchen Erfahrungen. Er erkannte, welches Leid, welche Entwurzelung manche von ihnen – gerade auch die aus behütetem Elternhaus – hinter sich hatten. Sie wollten nach einem

Strohhalm greifen, der nicht brach, der belastbar war. Wer sich ihnen öffnete, hatte noch lange nicht gewonnen – mehr noch, er brauchte gar nicht zu gewinnen.

Frère Roger machte sich vor ihnen verwundbar, und wurde nicht selten zu einem Angriffsziel, zu dem die Christen, die sich abgeschottet hatten, längst nicht mehr taugten. Er litt zweifellos darunter. Schlimm war es, zu spüren, wenn eine junge Frau oder ein junger Mann es sich nicht mehr lange nehmen ließen, Gewalt anzuwenden. Aber es war ihm nie zu viel, in solchen Momenten die Spannung auszuhalten. Wen immer er im Gespräch abgewiesen hätte, keiner wäre noch einmal zur Kirche zurückgekehrt.

*

Vor dieser Not, junge Leute nicht vor Irrwegen bewahren zu können, steht heute manche muslimische Familie, gewiss auch mancher Iman. Damals waren es verzweifelte Pfarrersleute und Gemeindeglieder, die nicht fassen konnten, wenn oft die engagiertesten jungen Leute es in der überkommenen Gesellschaft nicht mehr aushielten und auch christlich motivierte Ideale sie zu Gewalt und Terror trieben. Auch die Terroristin Gudrun Ensslin stammte aus einer Pfarrersfamilie.

Die Zeit der »letzten Versuche« ging zu Ende. Von der folgenden Generation machten viele gar keinen Versuch. Den kirchlichen Jugendverbänden brachen ganze Kontingente weg. Geringere Zahlen führten nicht zu einem Aufbruch, sondern zum Rückzug in aufkommende neue Milieus – die Friedensbewegten, später die Ökologen, dann in die Aufsplitterung an Freizeitangeboten konsumorientierter Dienstleister. Schließlich überholte die Auflösung der realen in die digitalisierte, virtuelle Welt das Milieudenken. Mit einer weltweiten Durchlässigkeit, die sich keine Kirche träumen ließ, werden heute junge Leute motiviert, eine wertebewusste gesellschaftliche Zukunft zu gestalten.

Frère Rogers Ansatz nützte sich nicht ab. Er war zeitlos und geerdet zugleich. Er fasste ihn in eine Sprache, die viele unbewusst oder bewusst übernahmen. Ein Milieu indes wollte er nie schaffen. Der Begriff »kirchliche Bewegung« war ihm ein Gräuel. Bewegung hieß für ihn unterwegs bleiben, mit möglichst wenig Gepäck. Damit waren die Jugendtreffen anschlussfähig. Das haben im Laufe der Zeit nicht wenige erkannt, so richtig erst, als die Jugendarbeit in vielen Gemeinden im Sand verlaufen war, die Verbände ausdünnten und sich der Religionsunterricht immer mehr als die einzige beständige Gelegenheit erwies, Podium für gemeinschaftliche Erfahrungen auf kirchlichem Hintergrund zu sein. Diese Entwicklung hat Frère Roger nur noch am Rande erlebt.

Verwöhnpotenzial

Zwischen der amtlichen kirchlichen Jugendarbeit und Taizé konnte es durchaus zu Konflikten kommen. Sie entzündeten sich nicht unbedingt daran, ob man ein *Alleluja* mitsingen sollte oder nicht. Beim volkskirchlichen Teil der eher von Pietisten geprägten Jugendarbeit stieß der Lobpreis jedenfalls auf Gegenliebe. Zankapfel war in den Achtziger- und Neunzigerjahren eher die Frage, wie man ökologisch bewusst große Veranstaltungen durchführen sollte.

Als es in Deutschland schon an allen Ecken und Enden Umwelt-schutzpapier zu kaufen gab, das zur Vervielfältigung eingesetzt werden konnte, wurden in Taizé mühsam, Blatt für Blatt, die damals grauen Bögen aus der Druckmaschine gezogen. Daneben flammten Debatten um die Entsorgung von Batterien auf. Die Frage stellte sich allerdings erst ernsthaft, als gerade deutsche Jugendliche immer mehr Geräte mit Batteriebetrieb mitbrachten. Schließlich wurden die Energiespeicher in Behältern gesammelt und am Ende der Woche den abreisenden Gruppen nach Deutschland mitgegeben. Manche, die besonders laut diskutiert hatten, vergaßen dann allerdings in der Eile, sie einzupacken. So standen die Kartons weiter herum, was in Kauf genommen wurde. Man wollte den unerbittlichen Ansprüchen vor allem deutscher Jugendlicher genügen, die im Übrigen so hervorragend mitsangen wie Jugendliche kaum einer anderen Nation. Sie sollten sich in Taizé wie zu Hause fühlen.

Etwa zur selben Zeit bittet Frère Roger einen jüngeren Bruder, der beim Mittagessen zufällig neben ihm Platz findet, sich über Pizzaöfen zu informieren. Die Italiener fahren von Süden nach Norden, in unsere für sie unwirtlichen Breiten, und werden dann mit einfachster Kost abgespeist, meint er. Haben sie es nicht verdient, dass wir sie ein wenig verwöhnen? Da liegt es nahe, ein paarmal in der Woche statt Ravioli aus der Büchse wohlschmeckende Pizza zu servieren. Der Stoß an Prospekten über Pizzaöfen, die der damit Beauftragte aus allen Himmelsrichtungen anfordert, wächst beträchtlich.

Schon hat sich auf das bloße Gerücht hin eine Interessengruppe »Umweltschutz« von Nordeuropäern gebildet. Sie pocht unmissverständlich darauf, dass es sich bei Treffen junger Christen allemal verbiete, stoßweise Aluminiumschalen einzusetzen, die nicht wiederverwendet werden könnten. Es kommt nicht dazu. Denn schließlich stellt sich heraus, dass nirgendwo auf der Erde Öfen angeboten werden, mit denen man Pizza für ein paar Tausend Leute auf einmal backen und warm halten kann. Frère Roger fügt sich, die Italiener kommen weiterhin, aber sie fühlen sich verstanden, wertgeschätzt, wie man heute sagt. Mama Taizé ist wie Mama Roma.

*

Was in Taizé geregelt werden konnte, ließ sich bei den Treffen mit Jugendlichen anderswo schwerer lösen. Da war man auf die Zusammenarbeit mit den kirchlichen Stellen der jeweiligen Großstadt angewiesen. Anfang der Neunzigerjahre hatten die Angestellten im Jugendamt wenige Monate vor einem solchen Treffen heftig gegen die Verwendung von Lebensmitteln in Dosen protestiert. Ein Standpunkt, der manchen Medien eine Schlagzeile wert war.

Nun kamen also Leute aus Taizé, die sich ein Treffen mit Zehntausenden Jugendlichen in den Kopf gesetzt hatten. Wie sollten die während der fünf Tage zwischen den Jahren für recht wenig Geld wenigstens einmal am Tag eine warme Mahlzeit bekommen? Über die Hälfte der Teilnehmenden kam aus Ländern, deren Währung im westlichen Ausland kaum Kaufkraft hatte. Kein Problem, meinten die Verantwortlichen aus Taizé, wir wärmen preisgünstige Dosensuppen auf und packen sie zum Warmhalten vor dem Austeilen in Styroporkisten. So wird es für alle reichen.

Man ahnt, in welche Zwickmühle die jungen kirchlichen Verbandsfunktionäre der gastgebenden Stadt dadurch gerieten. Sie rückten schließlich mit dem Vorschlag heraus, die Teilnehmerzahl auf 12 000 zu begrenzen. Dann wäre es möglich, frische Suppe zuzubereiten, Töpfe und Teller zu verwenden. Bei Kirchen- und Katholikentagen sei dies so, für Taizé könne keine Ausnahme gemacht werden. Um ein Haar hätte es in Deutschland, einem der reichsten der großen Länder Europas, ein Jugendtreffen mit drakonischer Zugangsbeschränkung gegeben. Dabei waren die Teilnehmer aus den osteuropäischen Ländern froh, nach der Öffnung des Eisernen Vorhangs endlich an offenen »Europäischen Treffen« teilnehmen zu können. Hunderttausend Jugendliche kamen in die gastgebenden Städte wie Mailand oder Wien.

*

Europäisches Jugendtreffen 1998/99 in Mailand. 100 000 sind gekommen

Gastfreundschaft hatte für Frère Roger Vorrang. Für sie war er bereit, alles zu geben. Sie war der Rohstoff, den er unermüdlich in Taizé herstellte und erneuerte. Dafür bedurfte es mehr als umsichtiger Planung. Er wusste, dass ein Ort, an dem eine gewisse Unübersichtlichkeit herrscht, auch für Zurückhaltende anziehend bleibt. Auch für Menschen, die eher an den Rändern der Kirche und der Gesellschaft standen, für immer neue Gruppen, neue Jahrgänge. Dieses Chaos bewusst zu pflegen, war nicht jedermanns Sache. Die verschiedenen Kulturen und Mentalitäten stießen in Taizé auf oft abenteuerliche Weise aufeinander. Täglich machte sich das bemerkbar, gerade wenn man eng zusammenarbeiten musste, um eine derart große Gruppe von Menschen zu empfangen, sie unterzubringen und zu bewirten. Es gibt viele Arten, eine Großküche zu führen, Unterkünfte zu säubern, Gesprächsgruppen zu leiten, Themen einzubringen, für Nachtruhe zu sorgen.

*

Frère Roger ist wieder einmal auf dem Rückweg von der Kirche, eben endete das Mittagsgebet und gleich beginnt das Mittagessen im großen Speiseraum der Gemeinschaft. Wie immer geht er diesen Weg nicht allein. Ein anderer gesellt sich zu ihm. Frère Roger scheint, wie gewohnt, den Gesprächsfaden dort aufzugreifen, wo er bei der letzten Begegnung abgerissen war. »Wie läuft es bei den Jugendtreffen?«, fragt er. Der andere macht aus seinem Herzen keine Mördergrube. Auf dem Hügel stellten sich tausend Probleme, denn was die Jugendlichen bei den Treffen selbst organisierten, bräche stellenweise zusammen. »Wir sind am Rande der Auflösung«, meint er. Vielleicht lässt sich Frère Roger erwei-

chen und heißt die eine oder andere mögliche Ordnungsmaß-
nahme gut? Die Hoffnung erweist sich als eitel. »Am Rande der
Auflösung?«, vergewissert sich Frère Roger. Und setzt brot-
trocken hinzu: »Genau da müssen wir sein.«

*

Es war eine Herausforderung, sich den schnell wechselnden Ge-
fühlslagen der jungen Menschen zu stellen. Die Aufbruchsgene-
ration der Fünfziger- und Sechzigerjahre mit dem Kirchenbau,
die kritische Generation der Sechziger- und Siebzigerjahre, die
hin- und hergerissen waren zwischen der ehrlichen Spiritualität
und dem in ihren Augen halbherzigen politischen Anspruch in
Taizé. Dann die friedensbewegte und die naturbetonte Generation in den Siebziger- und Achtzigerjahren, die auf Einhaltung ihrer Vorgaben bei der Durchführung der Treffen pochte. Die auf-
strebende Generation in den Achtzigern und Neunzigern, die in
Taizé wegen des Niedergangs der Ideologien ohne eigene Wort-
führer auskommen musste und sich bei harmlosen Spielen ent-
spannte. Und schließlich die voll technisierte Generation an der
Schwelle des neuen Jahrtausends. Junge Leute, die stundenlang
still in sich gekehrt in der Kirche saßen, während gut beaufsich-
tigt an den wenigen Steckdosen die Akkus ihrer Mobiltelefone
ebenfalls wieder zu Kräften kamen.

Manchem fiel es schwer, diesen Wechsel auf Dauer zu ertragen.
Frère Roger nahm ihn wahr, sah aber – je älter er wurde, desto
klarer –, was den jungen Leuten bei aller Unterschiedlichkeit gemeinsam war. Gastfreundschaft, Aufmerksamkeit, Herzlichkeit –
wollten die jungen Leute finden, davon war Frère Roger überzeugt.

Unversehens war es die Mehrheit, für die Taizé die erste bewusste Erfahrung mit Kirche bedeutete. Sie erlebten Taizé als einen Raum, in dem sich alle willkommen und geborgen fühlen konnten, und dachten, das würden sie zu Hause ebenso vorfinden.

Die Verantwortung, die Frère Roger anfangs spürte, hatte sich verlagert. Er baute darauf, dass vor allem die Gesänge eine Brücke zwischen Taizé und den Ortsgemeinden schlugen. In Taizé erklangen und verklangen diese, blieben, anders als Architektur, reine Vorläufigkeit. Sie boten die Möglichkeit, zu Hause auf ähnliche Art zusammenzukommen. Im besten Sinne beweglich zu bleiben, wie es Frère Roger vorschwebte. Was als nächstes gemeinsames Lied angestimmt wird, ist durch vorhergehenden Gesang nicht festgelegt. Es bleibt offen, kann sich entwickeln.

Singen war für Frère Roger niemals eine Aufführung der einen für die anderen, sondern ein Raum, den man gemeinsam bewohnen kann, Gastgeber wie Gäste in Taizé, aber auch zu Hause in jeder Kirche landauf, landab. Es ging ihm darum, dass sich die Stimmung löste – ihm war nicht an Stimmungsmache gelegen, wie von einer Bühne herunter. Deshalb gab es in der Kirche der Versöhnung auch kein Podium, abgesehen von zwei Stufen vor dem Altarraum. Ein Raum, der wie ein Symbol für den heiligen Boden wirkt, den niemand ohne Weiteres betritt – unverfügbar auch für den, der auf ihm steht. Ein Ort für niemand und für alle zugleich.

Freiräume

Es geht auf Mittag zu, eben hat der Bahnbus der Linie Mâcon – Chalon die Haltestelle am Glockenturm von Taizé passiert. Zwei junge deutsche Frauen sind ausgestiegen und kommen, Burgund-Reiseführer in der Hand, erwartungsvoll auf einen jungen Polen zu, der gerade für die Aufnahme der Gäste zuständig ist. »Le Corbusier!«, rufen sie. »Wo ist die Kirche von Le Corbusier?« Der Pole ist verunsichert, diesen Namen hat er noch nicht gehört, aber wer weiß. Die Frauen schauen sich nach allen Seiten um, während er sich vorsichtshalber bei einem erfahreneren Helfer erkundigt. »Tut mir leid ...«, kommt er zurück, »... die Kirche hier wurde von einem Architekten entworfen, sogar als Prüfungsarbeit, aber das ist ein Bruder aus der Gemeinschaft, da ist nichts mit Le Corbusier.« Die Frauen sind enttäuscht. »Ihr habt aber die Möglichkeit, hier Jugendliche aus der ganzen Welt zu treffen ...«, versucht der Pole sie zu erwärmen, »... und dazu gibt es Gebete, bei denen man richtig zur Ruhe kommen kann. Ihr findet schnell Anschluss, ihr werdet sehen.«

»Ach ja ...«, sagen die Mädchen, »... und wann fährt der nächste Bus?« Etwas hilflos verschwindet der Pole ein weiteres Mal und kommt mit dem Fahrplan zurück. Kurz darauf sitzen die beiden auf einem verwitterten Holzbalken, der auf zwei Betonsteinen ruht, und teilen in der Mittagssonne ihren Reiseproviant. Noch bevor sie planmäßig weiterkommen, bietet ihnen ein älteres Ehepaar aus dem Badischen eine Mitfahrgelegenheit an: »Wir fahren an Le Corbusiers berühmter Wallfahrtskirche bei Ronchamps vorbei. Sie wurde ein paar Jahre vor der großen Kirche in Taizé errichtet, ebenfalls mit Betondach, weiß verputzt und auf einem Hügel.«

*

Ronchamps zieht durch die Architektur der Kirche an. Taizé durch die Besucher seiner Kirche. Frère Roger ging es um die lebendigen Steine, vor den toten Baumaterialien hatte er wenig Achtung.

Die gesamte Westfassade der Kirche von Taizé besteht heute aus eisernen Toren, die sich hochziehen lassen. Ursprünglich war sie mit einem riesigen Fenster aus farbigem Glas geschmückt. Das Kunstwerk musste dem Ansturm der Besucher weichen. Die Baracken, die heute davorstehen, ergänzten die Kirche als gefällige, aber rein zweckgebundene Gebäude. Zwiebeltürmchen, die auf die schrägen Dächer der Vorbauten gesetzt wurden, verursachen bei Architekten, die auf Stilreinheit bedacht sind, Gänsehaut. Sie wurden nicht für die Meister ihres Faches geschaffen, sondern für die Russen und andere orthodoxe Christen, die sich nach einer weiten Reise in abenteuerlichen Bussen sofort wie zu Hause fühlen sollen.

Damit ist kein Stern im Baedeker oder Michelin-Führer zu holen. Es kommt einfach darauf an, mit welchen Erwartungen man den Hügel ansteuert. Taizé sollte ein gastlicher Ort und keine Sehenswürdigkeit werden. Touristengruppen kommen auf ihre Kosten, wenn sie derweil den Zweck ihrer Reise vergessen.

Taizé sollte aber auch kein Ort sein, an dem Gäste etwas aufgedrängt bekommen. Wer sucht, kann dort etwas finden. Man findet, was man zu suchen bereit ist. So hatten die beiden jungen Deutschen folgerichtig gehandelt. Sie wussten genau, was sie suchten – ein Bauwerk, das in Taizé eben nicht zu finden ist. Als sie erkannten, dass sie am falschen Ort gelandet waren, fuhren sie schnell wieder ab. Viele andere, die ich dort ankommen sah, wussten nicht so genau, was sie suchten, und hatten deshalb keinen Anlass, gleich wieder abzureisen. Andere suchten einfach nur nach einer angenehmen Atmosphäre, in der man den Alltag vergessen kann und durchatmen darf. Sie wunderten sich manchmal, was in ihnen, in ihrem Herzen in Bewegung kam.

*

Die Treffen »am Rande der Auflösung« bieten den nötigen Freiraum für die jungen Gäste, die keine Hochburg der Kirche erwarten, in der man gemustert wird und einen Platz zugewiesen bekommt. Sie freuen sich, nur das suchen zu müssen, wonach sie sich sehnen. Es kommt ihnen zugute, dass Frère Roger ihre Sehnsucht ernst nahm und sie schon als Unterwegssein im Glauben verstand, dass er hinter jedem Sehnen eine weitere Sehnsucht vermutete. Sind sie einmal auf den Geschmack dieser Freiheit gekommen, lässt diese sie nicht mehr los. Taizé, ein unvollendeter Ort für unfertige junge Leute. Ein Ort wie: Achtzehn. Abitur gemacht, Gesellenbrief in der Tasche, ein Praktikum absolviert … Und was kommt nun?

*

Manche sahen und sehen in Taizé einen Ort geistlicher Verschwendung. Entschiedene Protestanten warfen Frère Roger vor, statt den jungen Leuten eine gehörige Portion unbequemer Bibelsprüche zu verpassen, würde er fortwährend ihren Hunger und Durst rühmen und von ihrer Suche sprechen. Niemals würde er betonen, dass man den Glauben finden und annehmen muss. »Die Jugendlichen fressen euch aus der Hand, nehmen euch alles ab, und ihr macht nichts daraus.«

Katholische Kirchenleute reisten hingegen öfter mit dem Hintergedanken an, eine Art Treibhaus für geistliche Berufe vorzufinden. Nicht wenige Kirchenfrauen und -männer nutzten den Freiraum der Treffen, um in ihren Augen bewährte eigene Programme und Methoden einzuschmuggeln. Im frischen Wind, der auf dem Hügel wehte, flatterte ihr Konzeptpapier häufig davon.

Solche Vorwürfe und falschen Erwartungen waren, zu Ende gedacht und gelinde ausgedrückt, eine Verleumdung der jungen Leute. Taizé zog auch die selbstbewussten, anspruchsvollen Jugendlichen an. Frère Roger hätte sich eher sonst was angetan, als einer jungen Frau, einem jungen Mann etwas einzureden. Er wollte niemand in Denkmuster hineindrücken, er hatte Erfahrungsschätze anzubieten, auf die man selbst und frei zugreifen durfte. Er wusste, dass er Jugendlichen nur dienen konnte, wenn er ihnen die Möglichkeit ließ, selbst zu entscheiden.

Deshalb nahm er sich zurück und versuchte zu erkennen, was im anderen steckte. Alles andere hätte ihm den leichten Schlaf vollends geraubt. Er lag ohnehin halbe Nächte wach, weil ihm viele Bilder vom Tag durch den Kopf gingen, er sein Verhalten nachträglich noch einmal darauf abklopfte, wo er gefehlt hatte. Eine unerbittliche Gewissenserforschung, wie sie ihm wohl in der protestantisch strengen Studentengruppe eines Elsässer Pfarrers während seiner Jahre an der Universität in Fleisch und Blut übergegangen war.

*

»Ich wäre so gerne auf deiner Höhe«, gestand er mir einmal nach einem längeren Gespräch in seinem Zimmer, und das hat er sicher zu vielen gesagt. Der Satz ging durch und durch, wärmte das

Herz, machte mich aber auch befangen, weil es mir so vorkam, als stelle sich die Frage umgekehrt. Sah Frère Roger nicht die Gefahr, dass mir ein solcher Gedanke in den Kopf steigen, mich für die Seelsorge unbrauchbar machen könnte? Vielleicht hätte er seine bohrenden Anfragen an sich selbst gerne ein für alle Mal abgeschüttelt und vermochte es nicht, überlegte ich später. Er vertraute offenbar einfach darauf, dass ich bei allem Selbstbewusstsein gewissenhaft unterwegs bleiben würde. Ohne den Drang, mich häuslich in einer Gewissheit einzurichten, und mit derselben Lust wie er, auf Menschen zuzugehen und sich in ihre Welt hineinzuversetzen.

*

Taizé war nicht einfach die Welt des Frère Roger, in die man hineinpasste oder nicht. Manche Ankömmlinge waren enttäuscht, dass sich das Gemeinschaftsgefühl, das sie bei anderen kirchlichen Veranstaltungen sofort spürten, auf dem Hügel von Taizé erst ganz allmählich, manchmal erst am letzten Tag einstellte. An jedem Sonntagnachmittag begann mit einem neuen Jugendtreffen alles von vorne. Der Alltag, den jede und jeder mitbrachte, verflüchtigte sich nicht gleich mit dem ersten Abendgebet. Es brauchte mehr Zeit anzukommen, als viele dachten. Und die Zeit war da, es gab nichts Unwiederbringliches zu versäumen. Die Themen konnten umständlich oder sperrig wirken, die Gespräche konnten stockend verlaufen. Es machte nichts aus, dass die halbe Woche bereits um war, bis die Stille bei den Gebeten in der Kirche zur eigenen Stille wurde und man in den Gesprächen zum ersten Mal einen Satz formulierte, der ganz aus einem selber kam.

Um den einen oder anderen solchen Satz zu erhaschen, verbrachte Frère Roger ganze Abende mit jungen Leuten am Kamin in seinem Zimmer. Bis spät in die Nacht erzählte er, aber er hörte eben auch zu. Er brauchte ein Gegenüber, um Gedanken formulieren zu können. Während er sprach und dabei um neue Gedanken rang, presste er mit der Linken einen runden Brotlaib vor die Brust und schnitt mit der Rechten riesige Scheiben ab. Auf dem Kaminsims lag, steinhart aus dem Kühlschrank geholt, ein halbes Pfund Butter, das weich werden sollte. Mit einem großen Messer, dessen Holzgriff er schwungvoll führte, bestrich er dann weit ausholend das Schwarzbrot großzügig mit dem cremigen Weiß. Er teilte die Schnitten aus wie einen kostbaren Schatz. Dazu gab es Kräuter- oder Beerentee, auch Chicorée, in großen weißen Porzellanschalen. Die edleren Produkte aus der Töpferei der Brüder waren ausschließlich zum Verkauf bestimmt.

Er saß auf einem niederen Schemel im Licht des Kaminfeuers, die jungen Leute hatten auf dem Boden Platz genommen. Wenn er redete schien es, als könne man in seine Worte einziehen. Seine Stimme tat einen Raum auf, der weit offen stand. Er biederte sich weder mit seinen Überlegungen noch in seiner Ausdrucksweise den weit jüngeren Zuhörern an – weder hier, in seinem Zimmer, noch bei seinen Treffen mit den Gästen im weiten Kirchenschiff. Es war nicht immer einfach, ihm zu folgen, aber selten langweilig. Wer nicht mitdenken wollte, verlor bald den Faden. Wen seine Erzählweise abstieß, bei der ein geschildertes Erlebnis zum nächsten führte, oder nicht glauben wollte, dass sich der Sinn scheinbar entlegener Äußerungen vielleicht erst nach zwei weiteren Berichten erschloss, hatte möglicherweise keine rechte Freude an diesen Stunden. Einiges wiederholte Frère Roger, weil es ihm wichtig war.

Während er sprach, entstand ein Panorama, das vom Polarkreis bis nach Südafrika, von kanadischen Weiten bis nach China reichte. Die ganze Welt rückte zusammen, und man hatte nach einer Weile den Eindruck, sie bestünde nur aus sympathischen Menschenkindern, die neugierig aufeinander waren und, von ein paar Störenfrieden abgesehen, einander aushalfen, wenn jemand in Not war. Dennoch war es keine Vorspiegelung einer heilen Welt. Missgunst, ideologische Verblendung, Elend samt deren Folgen wurden anschaulich benannt – aber auch Gründe für Hoffnung und Zuversicht. Das Ermutigende zu betonen, vergaß Frère Roger nie.

Kam er auf christliche Gebetsformen zu sprechen, bekam man die ganze Vielfalt vor Augen geführt – von den kargen reformierten Predigtgottesdiensten seiner Kindheit über geradezu hofzeremonielle choreografische Liturgien aus der Zeit vor dem Vatikanischen Konzil bis zu den ausufernden ostkirchlichen Feiern, bei denen das Gold der Ikonenfassungen den Schein der Opferkerzen auf die verhärmten Gesichter der Gläubigen zurückwirft, wie er es in Moskau erlebt hatte. Diese Gleichzeitigkeit, bei der, wie in einem Märchen oder einem Gleichnis Jesu vom Reich Gottes niemandem etwas genommen, aber allen etwas gegeben wird, tat einfach nur gut, unglaublich gut. Frère Roger stand nicht darüber, er ging darin auf. Er markierte nicht den überlegenen Weltenkenner, er wirkte wie ein staunender Bub, der zum ersten Mal selber hört, was ihm gerade entschlüpft.

*

Für ihn war auch sonst jede Mahlzeit, selbst die kleinste, zunächst eine Gelegenheit, mit anderen zusammen zu sein. Je mehr Leute auf dem Hügel waren, desto länger zog er das Mittagessen in der Gemeinschaft hinaus, bis er mit einem kurzen Segensgebet endete. Seine Erzählfreudigkeit gab immer wieder auch Anlass zur Heiterkeit. Frère Roger konnte freiwillig und unfreiwillig komisch sein. Er nahm es hin, dass über ihn im vertrauten Kreis auch einmal gelacht wurde, wenn er nicht darauf gefasst war. Das gehörte zu seinem Grundvertrauen in die Freundlichkeit der anderen.

*

Frère Roger brannte darauf, alles von einem Menschen zu verstehen, den anderen ganz in sein Leben einzulassen. Doch es gab Momente, in denen selbst er solches Vertrauen nicht mehr aufzubringen vermochte. An einem Silvesterabend Anfang der Neunzigerjahre geschah das, in den Wohnräumen eines besonders kläglichen Ergebnisses kirchlicher Ernennungspolitik.

Der hoch gewachsene Spargelmann in schwarzer Soutane mit roter Schärpe kostet es aus, den Urheber des großen Jugendtreffens vor sich zu haben, das in seiner Ortskirche stattfindet. Unvermittelt beginnt er den Namen seines Gastes auf Lateinisch zu beugen: »Roger, Rogeris, Rogeri, Rogerem, Rogere«. Dabei wedelt er mit der Kopie eines Schreibens, in dem ihm, wie üblich, eine dreizeilige Fürbitte vorgeschlagen worden war, um diese bei einem der Abendgebete des Treffens mit den jungen Leuten in den Messehallen zu verlesen. Dann bezeichnet er Frère Roger ironisch als seinen Vorgesetzten – noch nie habe ihm jemand in seiner Stellung vorgeschrieben, was er zu beten habe.

Frère Roger ist verblüfft, verzieht aber keine Miene. Er spricht ein paar ruhige Worte, aus denen jede Klangfarbe gewichen ist, er redet, ohne etwas zu sagen. Es scheint, als würde er durchsichtig, als wäre er nicht mehr da. Gegen ein solches Vorgehen ist er nicht gewappnet. Aus Höflichkeit bleibt er noch einen Augenblick, dann sucht er fluchtartig das Weite. Es ist nass, kalt und dunkel unten auf dem Platz, wo ein kalter Wind um den Dom pfeift, der heute wegen des Treffens bis spät in die Nacht geöffnet ist. Hinter den Buntglasfenstern scheint wärmendes Licht. Wir betreten ihn an diesem Abend nicht.

Später, in meinem Zimmer, kommt mir ein Vorfall in den Sinn, den Frère Roger in seiner Kindheit miterlebt hatte. Er erzählte einmal, dass eines Tages zwei gut gekleidete Männer ins Pfarrhaus seines Vaters kamen und sich nach einer kurzen Begrüßung mit ihm in dessen Büro zurückzogen. Es sei zu einer Unterredung gekommen, bei der es laut zuging. Nach einer Weile verließen die Herren das Haus. Sein Vater habe sich nie von diesem Gespräch erholt. Damals kam, wie Frère Roger sagte, sein Vertrauen in ein Kirchentum ins Wanken, das es sich zugutehielt, demokratisch verfasst zu sein. Ich weiß bis heute nicht, warum ich an diese Begebenheit denken musste, die gut sieben Jahrzehnte zurücklag. Der Mann, den wir an diesem Abend erlebt hatten, war nicht von seiner Ortskirche gewählt worden. Vielleicht traf Frère Roger sein Verhalten deshalb umso tiefer.

Der Nerv der Kirche

Altarstufen

Es ist Sonntagvormittag. Am Nachmittag will Frère Roger zu einem Besuch in der Schweiz sein. Wir kommen im französischen Jura an der Kirche eines Marktfleckens vorbei. Frère Roger lässt halten, steigt aus, nimmt die Stufen und öffnet das Kirchenportal. Der Gottesdienst hat längst begonnen, der Priester steht am Altar, vor ihm ein paar Dutzend Gläubige in den Stuhlreihen, die in den französischen Kirchen die Bänke ersetzen.

Anstatt unauffällig Platz zu nehmen, bewegt sich Frère Roger ruhig, aber stetig im Seitengang von Säule zu Säule nach vorne. Er steuert an der Gedenkplatte für die Gefallenen des Ersten Weltkriegs und den obligatorischen Statuen des Pfarrers von Ars und der Bernadette von Lourdes vorbei auf den Chorraum der Kirche zu. Stufe für Stufe nähert er sich dem Altar und fasst treuherzig den Priester ins Auge, der schon auf ihn aufmerksam geworden ist. Zwei, drei Schritte noch, dann spricht er ihn seitlich über den Volksaltar an und bittet, die Kommunion empfangen zu dürfen.

Der Priester stutzt einen Augenblick, hebt kurz die Augenbrauen, und kommt dann seinem Wunsch nach. Er dreht sich um, geht zum Tabernakel im hinteren Teil der Apsis und holt das Gefäß mit den Hostien. Frère Roger empfängt die Kommunion, seine beiden Begleiter ebenfalls. Wenige Augenblicke später fährt das Auto vor der Kirche wieder an, die ersten Kilometer legen wir schweigend zurück.

An dieser Begebenheit lässt sich erkennen, wie Frère Roger auf dem gemeinsamen Weg der Christen unterwegs war. Als evangelisch aufgewachsener Christ sah er kein Hindernis, sich an einen Priester der katholischen Kirche zu wenden. Er war zum Pfarrer ordiniert worden und hatte dieses Amt aushilfsweise auch in einer Gemeinde ausgeübt. Es entsprach aber immer mehr der Weite seines Herzens, nicht selbst das Abendmahl zu feiern, sondern es von Christen zu empfangen, denen die Beauftragung dazu auf eine andere, eng mit dem Anspruch auf Gemeinschaft in der Kirche verbundenen Weise gegeben worden war. Frère Roger – daraus machte er keinen Hehl – achtete das evangelische Abendmahl als Gedächtnis der letzten Mahlzeit Jesu mit den Jüngern, das als solches niemandem verwehrt zu sein brauchte, und doch keine Ersatz- oder Protestveranstaltung gegen die katholische Messe sein sollte. Mischformen konfessioneller Liturgien lehnte er als künstlich ab.

Diese unbefangene Offenheit war für ihn mehr als ein Lebensgefühl, sie war sein Leben. Er konnte mit den Jahren nicht anders, als dieselbe innere Weite auch bei den anderen zu vermuten, er wünschte sie ihnen von Herzen. Wenn sie nicht gegeben war, wo sie nicht gewährt oder wo sie gar unterdrückt wurde, litt er.

Ein Weihbischof lud ihn zum Eröffnungsgottesdienst einer kirchlichen Aktion in den Dom einer deutschen Großstadt ein. Frère Roger machte sich auf den Weg. Er war übrigens seltener unterwegs, als es den Anschein hatte. Dies hing damit zusammen, dass in den Medien von ihm vor allem dann die Rede war, wenn er auf Reisen ging. Die meiste Zeit verbrachte er in Taizé. Wenn man Gäste erwartet, ist man zu Hause, pflegte er zu sagen. Umso mehr zählte es, dass er sich für wenige Stunden in den tausend Kilometer entfernten Dom begab.

Man hatte ihm während der Eucharistiefeier, bei der viele Gesänge aus Taizé erklangen, ein kleines Grußwort eingeräumt. Die Ankündigung seines Namens sollte die Kirche füllen, insbesondere mit jungen Leuten. Als der Moment kam, wo die Kommunion verteilt wurde, wurde sie ihm verweigert. Das traf ihn tief. Aber er brachte es nicht über sich, die doppelbödige Behandlung öffentlich zu machen. Denn er war überzeugt, dass dies auf allen Seiten zu Verhärtungen führen würde, mit denen niemand gedient sei. Auf dem Rückflug, der offenbar von der Aktion oder der Ortskirche bezahlt worden war, machte er zu mir eine Bemerkung über die fragwürdige Verwendung von Geld in der Kirche.

*

Frère Roger wollte in der Kirche einen Weg wählen, auf dem jeder mithalten kann. Er führte für ihn – und das war nicht für alle leicht zu begreifen – über das Verständnis des Priesteramtes in der katholischen Kirche. In unzähligen Gesprächen hatte er hautnah erfahren, welcher Kampf dieser Weg für Menschen mit sich bringt, die sich ganz darauf einlassen wollen. Das hat er immer wieder geradezu ehrfürchtig in seinen Schriften gewürdigt. Ob er ein solches Amt in der gewachsenen Form für gerechtfertigt hielt oder nicht, lässt sich daraus nicht unbedingt ableiten.

Dass er die Prüfung dieses Amtes in Zeiten, in denen es kaum Ansehen mit sich bringt, Priester zu sein, vorausgeahnt hat, ist anzunehmen. Er empfand es als hilfreich, dass es in der Kirche, in welcher Form auch immer, Menschen gibt, denen ein Geheimnis so unmittelbar anvertraut ist, dass sie nicht in die Versuchung kommen, sich als reine Glaubensverwalter zu betrachten.

Mit diesem unverfügbaren Geheimnis standen Priester für ihn indes nicht über den anderen, sondern mitten unter ihnen. So konnten sie allen Gläubigen in gleicher Weise nahe sein und die Talente, die allen gegeben sind, zur Geltung bringen. Niemand könnte, davon war er überzeugt, einen Priester dazu zwingen, Menschen wegzuschicken, die voll Vertrauen und mit großen Erwartungen zu ihm kommen. Als Abgeordnete, die sakramentale oder gar kirchenpolitische Vorgaben durchsetzen, sah er die Pfarrer keiner Konfession. Ebenso wenig kam Frère Roger auf den Gedanken, einen Papst als Kirchenfunktionär zu sehen. Gerade von Rom, um des Papstes willen, erwartete Frère Roger nichts anderes als die Güte des Herzens, die zu leben er sich selber bemühte.

Von ihr sprach er fast jeden Tag. Warum? Weil er vermutlich wusste, dass er selbst am meisten auf diese Güte angewiesen war. Das trifft auf alle Menschen zu. Aber nicht jeder kann es sich und anderen eingestehen. Vielleicht hielt er so unbeirrt an ihr fest, weil er eine Enttäuschung nie verwinden konnte. Es blieb ihm, soweit ich das beurteilen kann, zeit seines Lebens ein Rätsel, warum gerade die kirchliche Gemeinschaft, die von ihrem Selbstverständnis am wenigsten auf Abgrenzung angelegt war, diese so ängstlich betrieb. Darauf zu pochen, die alleinige Wahrheit zu haben, anstatt mit allen das Wahre zu suchen, verriet für ihn einen Mangel an Selbstbewusstsein.

*

Wie leicht hätte er mit seinem Charisma behaupten können, jede Glaubensstärke und alles Glaubenswissen zu haben. Wie viele hätten ihm das ohne Weiteres abgenommen! Aber so trat Frère Roger nicht auf. Er war dazu schlicht nicht in der Lage – oder er hatte sich diesen Weg persönlich versagt. Eine Gruppe, eine Gemeinschaft, eine Bewegung, die auf solche Weise zustande kommt, hätte er verachtet. »Anhänger zu haben bedeutet gar nichts«, war seine stehende Redewendung. Oft merkte dann jemand spaßeshalber an, es gebe doch jede Menge Taizé-Anhänger. In einer Werkstatt der Gemeinschaft und dem Verkaufsladen fände man sie zu Tausenden. Das stimmte. Es waren stilisierte Tauben verschiedener Größe, aus Messing oder später in allen Regenbogenfarben emailliert, die dort an dünnen Lederschnüren hingen. Der Kalauer hielt sich hartnäckig.

*

Mit Ausnahme weniger mutiger Bemerkungen des in seiner Art außergewöhnlich spontanen Papstes Johannes XXIII. und seiner unterschiedlichen Nachfolger wurde Frère Roger von den Vatikanbehörden nicht auf Händen getragen. Ganz im Gegenteil.

Der Frère Roger wohlgesinnte Ortsbischof von Autun kam einmal auf einer Reise durch die Region in die Dorfkirche von Taizé. Die Kirche war durch Johannes XXIII. noch zu seiner Zeit als Nuntius in Paris auch für nicht katholische Gottesdienste freigegeben worden. Die Gemeinschaft von Taizé hielt dort unmittelbar neben dem Wohnhaus der Brüder ihre Stundengebete. In dem Kirchlein fiel dem Bischof ein kleiner Zettel auf, mit einem Gebet, das Frère Roger verfasst hatte. Die tiefe Spiritualität der wenigen Zeilen des Priors beeindruckte ihn. Er hielt es für angebracht, Kurienmitarbeitern in Rom den Zettel zuzuleiten, als Anschauungsmaterial, welche geistliche Tiefe bei Vertretern der evangelischen Kirche anzutreffen sei und wie sehr diese auch einem katholischen Kirchengebäude zur Zierde gereichte.

Die Antwort, die er vom Tiber erhielt, war verheerend. Er habe ab jetzt peinlich genau darauf zu achten, dass nur autorisiertes katholisches Gedankengut in den Kirchen seines Bistums ausliege. Alles andere sei verboten. Im ersten Augenblick dachte der Bischof daran zurückzutreten. Frère Roger steckte diesen Bescheid wie vieles andere einfach weg, wenn ihn die Reaktion auch schmerzte. Er überzeugte den Bischof überdies, seinem Dienst weiter nachzukommen. Der Vorfall wurde nicht bekannt, weil Frère Roger nie Freude darüber empfand, wenn sich jemand über einen anderen hermachte. Und was ihn nicht freute, war in seinen Augen für niemanden der Rede wert.

Er wusste, dass christliches Leben nicht auf Gegnerschaft beruhen konnte, sondern auf dem Versuch, dem anderen gerecht zu werden. Deshalb duldete er auch keinen unversöhnlichen Widerstreit in seiner eigenen Gemeinschaft. Dies wurde ihm oft als übertriebenes Harmoniebedürfnis ausgelegt. Für ihn hatte die Harmonie jedoch einen kostbaren Namen: innerer Friede. Er wusste, dass er so lange nicht manipulierbar war, wie er sich in diesem Frieden verwurzelte.

*

Frère Roger legte sich mit keinem der Päpste an. Das wurde von eindimensional denkenden Protestanten so aufgefasst, als wäre er jenen hörig. Dem standen ebenso Einschichtige gegenüber, die eine Gefügigkeit des Papstes Frère Roger gegenüber witterten. Ein Kampfblatt von Katholiken, die wohl ihrerseits glaubten, Rom hörig sein zu müssen, unterstellte Papst Johannes Paul II., er habe sich zum »Hofkaplan« Frère Rogers herabgewürdigt, als er diesen an der Spitze Tausender Jugendlicher in den Petersdom einließ. Der Pole war schon in Taizé gewesen, als der Eiserne Vorhang noch das Reisen erschwerte, und hatte Frère Roger in Krakau zu Gast gehabt. Als er wie kein Papst vor oder nach ihm auf einer pastoralen Reise durch Südostfrankreich einen Zwischenhalt in Taizé einlegte, wurde im Vorfeld geunkt, nun werde Taizé entweder endgültig von der katholischen Kirche vereinnahmt oder der Papst mit seinem Herz für die Jugend von Frère Roger über den Tisch gezogen.

Gegenseitigkeit

Dass sich ein Papst nach Taizé auf den Weg machte, war für Frère Roger ebenso kostbar wie die allwöchentliche Ankunft der vielen jungen Leute. Wer zu einer Versammlung kommt, ist herbeigeeilt und nicht geflohen. Dieser Gedanke stammt von Martin Luther und hat Frère Roger so beeindruckt, dass er ihn als Zwischentitel in einem seiner Bücher verwendete.

An einem Pilgerort wie Taizé verbinden Menschen ihre Anwesenheit mit jener Nähe, die Jesus allen zugesagt hat. Wenn sie sich in seinem Namen versammeln, ist er mitten unter ihnen. Diese Quelle sprach Johannes Paul II. bei seinem Besuch prompt an und nannte sich einen von vielen, die im Glauben unterwegs in Taizé haltmachen und diesen einen Ausgangspunkt suchen.

*

Frère Roger vergaß bei aller Freude nie, dass der Zustrom von Menschen eine Verpflichtung mit sich brachte. Je mehr jemandem in der Kirche anvertraut wird, da war er sich sicher, desto größer ist seine Verantwortung, auf die eigentliche Quelle – die Gegenwart Christi – zu verweisen, sie mit allen zu teilen.

Für ihn war die Kirche nicht festgelegt, sondern in Bewegung. Sie war wie ein Besuch, den man einmal empfing und ein andermal abstattete. Der gemeinsame Weg der Christen beruhte auf dieser Gegenseitigkeit. Aus dem Gedanken, der für ihn in Taizé Wirklichkeit geworden war, zog er ein unerschütterliches Selbstbewusstsein. Jesus steht vor der Tür und klopft an. Jesus ist die Tür, die sich öffnet. Es gab keine Seite, die man wechseln musste, um bei ihm zu sein.

Das war nicht allen geheuer. Manche wollten ihn auf eine Seite festlegen: entweder – oder. Es war freilich abenteuerlich und aus Frère Rogers Sicht geschichtlich überholt, ihm zu unterstellen, er sei insgeheim von einer Konfession in eine andere gewechselt. Das war nicht die Ebene, auf der er unterwegs war. Dementsprechend war es für ihn auch unerträglich, dass bei Gottesdiensten kategorisiert, nach Konfessionen eingeteilt werden sollte. Er vermischte nichts, er sah und benannte die Gaben, die jede Konfession in den gemeinsamen Weg einzubringen vermochte. Er erlebte es aber als eine Verletzung der Unschuld – gerade Jugendlicher, die arglos an einem Gottesdienst teilnahmen –, wenn sie durch Ansagen, was zulässig und unzulässig sei, aus ihrer Andacht gerissen wurden. Es widerstrebte ihm, solcher Zerstreuung in Taizé Vorschub zu leisten.

Frère Roger hatte eine natürliche Begabung, mit den Christen umzugehen, die in eine andere Konfession als er hineingeboren waren, insbesondere in die römisch-katholische Kirche. Selbst mit denen, die unbeholfen ihre römischen Affekte auslebten und entsprechende Duftmarken setzten, ging er ein Stück des Weges. Er wollte nicht noch einmal erleben, was Kirchenmänner anrichteten, die sich in der Kirchengeschichte wie Schlafwandler auseinanderbewegt hatten.

Es blieb gerade deshalb für viele, auch für manche Katholiken, ein Skandal, dass sich Frère Roger immer wieder unverdrossen aufmachte und den Bischof von Rom besuchte. Manche konnten darin nur weitere Vereinnahmungsversuche erkennen, die auf verdeckte Weise vom Papst oder von Frère Roger als Protestanten ausgingen. Sie sahen die Begegnungen unter dem Gesichtspunkt, wer von beiden das stärkere trojanische Pferd im Lager des anderen sein könnte. Frère Roger bedauerte diese Leute wohl zutiefst.

*

Was trennt eine Kirche – und wodurch lässt sie sich zusammenhalten? Die Antwort stellte sich für ihn nicht zuerst auf der dogmatischen Ebene ein, das unterstrich Frère Roger häufig. Nicht Gott, Jesus oder der Heilige Geist hatten die Christen getrennt, sondern sie sich selber. Deshalb hatten sie selbst einen Anlauf zu nehmen und aufeinander zuzugehen. Es war für ihn nicht richtig, dies mit frömmlerischen Worten auf das zu erwartende Wirken des Heiligen Geistes abzuschieben, es bis zur Wiederkunft Jesu Christi aufzuschieben oder es einem fernen Gott zuzuschieben, vor dem man sich nach Belieben rechtfertigen konnte.

Zusammenhalten ließ sich die Kirche für Frère Roger ab sofort, Tag für Tag, durch Menschen, die sich nicht aus dem Weg gehen, und an Stätten, wo sie sich versammeln. Er war durch und durch ein Mann der Gemeinschaft, schuf einen Ort, von dem sich niemand fernhalten musste, und ließ sich zu keiner Zeit von Unschlüssigen in die Enge treiben. Wenn diese Intuition in späteren Zeiten dogmatisch bestätigt werden konnte, umso besser. Das überließ Frère Roger getrost der Nachwelt. Er formulierte es einstweilen auf seine poetische, an der alten, weiten Tradition der Kirche ausgerichteten Weise.

Seine Leidenschaft zeitigte nur einige erste Früchte. Die Gemeinschaft, die er in Taizé zusammenführte, war ökumenisch nicht repräsentativ. Orthodoxe Christen haben zu seinen Lebzeiten nie auf Dauer zu ihr gefunden. Selbstverständlich fühlten sich Frauen ausgeschlossen, wenn in der Kirche der Versöhnung nur Männer am Altar standen. Gewiss kam Frère Roger unter Druck, als sich aufgrund der Jugendtreffen zunehmend die Medien für ihn interessierten. Es zeigte sich, dass sein Erfolg manche Neider hatte, die bei der Betrachtung Haare spalteten. Das beunruhigte ihn kaum. Er sah selbst, dass manches in Taizé fehlte, dass es Mängel gab, mit denen auch er nicht so einfach umgehen konnte. Er hat das nicht überspielt, indem er sich Rechtfertigungen zusammenklaubte. Wer sich verteidige, meinte er manchmal in einem Anflug von Galgenhumor, sei verdächtig. Noch weniger übernahm er die Vorgaben derer, die ihn gerne auf ihre Linie gebracht hätten. Er konnte nicht anders, er stand da und setzte alles auf eine Karte. Dabei hat er manches zugelassen, stehen gelassen, weil er nicht zu denen gehören wollte, die verhärten und dann zerbrechen.

Der Umgang mit Kirchenvertretern war für ihn Herzenssache. Das hat viele von ihnen berührt, auch die eine oder andere Frau, doch manche eben auch nicht. Was konnte Frère Roger daran ändern? Die eine Kirche war für ihn immer die des Herzens, als heilige, die sich selbst vergessen konnte, als katholische, die unfähig zur Abspaltung war, und auch als apostolische. Bei Letzterer dachte er wohl an die Jünger Jesu, die man, wenn man will, als unübersichtliche Chaos-Truppe beschreiben mag, der es dennoch – oder vielleicht gerade mit ihren Schwächen – gelang, das kleine Korn des Glaubens in einer wüsten Welt aufgehen zu lassen.

*

Frère Roger führte den Kampf um einen Spielraum, in dem man sich unbefangen einander nähern konnte, ohne die Auswirkungen geschichtlicher Ereignisse für unveränderlich zu erklären. Davon sprach er oft. Er hielt sich weder bei dem auf, was sich in der Reformationszeit verfestigt hatte, noch bei dem, was während der Gegenreformation aus dem Ruder gelaufen war – vom Zwist der Ost- und Westkirche ein halbes Jahrtausend früher ganz zu schweigen. Diesen Spielraum setzte er auch für die Gespräche in Rom voraus. Er vertraute darauf, dass Christen in der Lage sind, einander ernst zu nehmen, und nicht dem Aberglauben erliegen müssen, einer könne besser sein als der andere. Gerade weil er durch und durch Protestant war, sah sich Frère Roger darauf angewiesen, in der katholischen Kirche mit seinen Anliegen Gehör zu finden.

*

Evangelisch zu sein im Sinne einer konfessionellen Zugehörig-
keit, in der man sich einrichten konnte, kam für ihn nicht infrage. Es war für ihn keine Lösung, weil es eine Abschottung zemen-
tierte, die keiner Seite guttat. Er hielt das für unfruchtbar und
deshalb müßig. Auch nur eine Minute daran zu verschwenden,
dies mit stichhaltigen Argumenten zu unterfüttern, war ihm zu
viel. Er konnte die Vorstellung nicht ertragen, dass die Freiheit
der evangelischen Christen dort eingeschränkt sein oder gar aufhören sollte, wo die katholische Kirche in den Blick kommt. Dies
war eine Anfrage nach beiden Seiten: Wie konnte die katholische
Kirche eine Kirche der Freiheit sein, und wie konnte die evangelische Kirche diese entdecken?

Für ihn lag die Freiheit vor allem in der Gastfreundschaft. Wie
gerne hätte er erlebt, dass der Vatikan zu einem Ort spürbarer,
internationaler Gastlichkeit würde, auch über die Christen hinaus. Nichts solle unversucht bleiben, bat er dort anlässlich des
ersten Europäischen Jugendtreffens 1980/81, den Vatikan zu einem Ort zu machen, an dem alle Menschen willkommen sind. Es
ist nicht ausgeschlossen, dass er die längst begonnenen »Welt-
jugendtreffen« in Taizé, an denen er mit heißem Herzen hing,
drangegeben hätte und mit seinen Gefährten nach Rom umgezogen wäre, um dafür einen wesentlichen Beitrag zu leisten.

*

Ob selbst eine Gemeinschaft wie die in Taizé sich auf die Dauer
von vatikanischen Verstrickungen hätte fernhalten können, sei
dahingestellt. Ob Frère Roger damit die einzige wirkliche Gefahr
hätte bannen können, die ihm von Rom her zu drohen schien,

ebenfalls. Zeit seines Lebens hegte er die Befürchtung, Rom könne es jungen Katholiken nahelegen, sich nicht länger an Aktivitäten von Taizé zu beteiligen, weil dort nicht alle in der Kirche gültigen Vorschriften tadellos erfüllt seien. Daran dachte dort möglicherweise kaum jemand. Frère Roger tat dennoch alles, um solche Bedenken erst gar nicht aufkommen zu lassen, und bat seine Gefährten, dies mitzutragen. Deshalb wurde ihm, von außerhalb, immer wieder vorgeworfen, der Ort seines Wirkens werde zunehmend katholischer.

Für das Wort *katholisch* gibt es indes, wie für das Wort *schwanger*, keinen Komparativ, beide Eigenschaftswörter vertragen keine Steigerung. Dies war nicht Frère Rogers Sorge. Katholisch zu sein war für ihn etwas Ehrbares. Er hätte wohl auch den nach einem solchen Verdikt möglichen Rückgang der Teilnehmer bei den Jugendtreffen hingenommen. Das Risiko lag anderswo. Mit Verboten hätte Rom leichtfertigerweise einen Teil gerade der unbefangenen katholischen Jugend dazu getrieben, im Zeichen des Protests spirituell nach Taizé auszuwandern, in eine innere Emigration im schönen Burgund.

Das wäre für Frère Roger der Fehlschlag seines Lebens gewesen. Es hätte der Zwanglosigkeit der Begegnungen verschiedenster Menschen dort den Garaus gemacht. Taizé als Zankapfel der Christenheit, eine solche Havarie fürchtete er weit mehr als die Ansiedlung von Diskotheken oder Hotelkomplexen am Rande des Geländes der Treffen, die er, eine Empfehlung Jesu beherzigend, klug wie eine Schlange hintertrieb.

Ausnahmezustand

Taizé wurde dank Frère Roger kein Ort der Spaltung. Es blieb ein Freiraum für das heilige Geschehen in der Kirche, das nicht irgendwelchen Verdiensten oder Vorschriften zuzurechnen war. Dieser Raum entfaltete sich für Frère Roger im eucharistischen Mahl und in einer Verkündigung, bei der der Sprechende hinter dem zurücktritt, was er zu sagen hat. Beides war für ihn der eine, einzige Boden, in dem die Christen mit ihren verschiedenen Prägungen, Ängsten und Vorlieben wurzeln konnten. In Taizé lernten ihn im Lauf der Jahre so viele Menschen kennen und lieben, dass reihenweise Großzelte verschlissen und der Teppichböden im weiten Kirchenschiff erneuert werden musste, weil er an vielen Stellen durchgescheuert war.

Von einem Ort wie Taizé musste für Frère Roger gelassener Friede ausgehen. Der wohnte dort, wo entspannende Einheit zu ahnen war. *Einheit in der Vielfalt* war ein Leitgedanke, dem Frère Roger lange Zeit nachging, mehr als dem *versöhnter Verschiedenheit*. Die konfessionellen Kirchen konnten sich nicht als jeweils in sich Vollkommene versöhnen, sondern nur wenn sie freimütig einräumten, aufeinander angewiesen zu sein, weil ihnen anders etwas fehlte. Das hat Frère Roger eindringlich dargelegt. Von Papst Johannes XXIII. übernahm er dazu die von der Seelsorge geprägte Erfahrung der Kirche als ein in konzentrischen Kreisen angelegtes Gebilde. Eine Kirche, in der niemand eine Sorge darauf verschwenden muss, wo er sich genau befindet und ob er erreichbar ist.

Wie ist die Einheit in der Vielfalt zu verstehen? Taizé gibt es nur als einen einzigen Ort in der Kirche, es kann nicht zwei oder

mehrere geben. Das hatte Frère Roger klar erkannt und Vervielfältigung verhindert. Dass es wichtig ist, das Einmalige, das Besondere in jeder Gemeinschaft von Christen zu achten, um Zer-
splitterung zu vermeiden, war ihm ebenfalls bewusst. Dass in der
Kirche nur anziehend sein konnte, was einzigartig und eigenständig war, lehrte ihn sein eigener Lebensweg, auf dem sich später unvermutet viele Menschen einfanden.

Er hatte Grund, sich früh als Ausnahme in der Kirche zu erfahren. Spätestens, als er in seiner waadtländischen Kirche in den
Westalpen der Schweiz ordiniert worden war – ohne das Recht
auf Anstellung. Gott sei Dank, ist man versucht zu sagen, wer
weiß, was sonst aus ihm und einem halb verwahrlosten Dorf in
Burgund geworden wäre. Anstatt sich darin zu gefallen oder zu
missfallen, konnte er mit seinem Einfühlungsvermögen wohl
nicht anders, als auch die anderen im Herzen als Sonderfälle zu
begreifen. Die ganze Kirche war für ihn eine Ausnahmegemein-
schaft – eine Gemeinschaft von Ausnahmen, in der andere Vor-
aussetzungen galten als bei der Mitgliedschaft in irgendeinem
Verein. In ihr zählte alles, was es nur einmal gab und nicht die
Regel war. Ein Gott, der einmal Mensch wurde. Ein Glaube an
seine Liebe, die er durch den Heiligen Geist erwies, und eben
eine einzige Kirche, die daraus hervorging. Die war überdies eine
Ausnahme unter den Religionsgemeinschaften, weil sie keinen
Stifter hat, sondern dessen Leib ist, wie Frère Roger zu betonen
nicht müde wurde.

Frère Roger im Gespräch

In dieser Kirche waren die Christen nicht zusammen, um gemeinschaftlich stärker gegen den Rest der Welt antreten zu können, auch davon war Frère Roger überzeugt. Garant dafür sollte einer unter den Christen sein, der nicht nur Binde-Gewalt hatte, sondern vielmehr Seelsorger für alle war. Er hatte dem Evangelium zufolge noch eine andere, leicht übersehene Möglichkeit, nämlich die, Festgelegtes zu lösen. Eine solche Person war für ihn der Bischof von Rom, wie es sich in der frühen Kirche herauskristallisiert hatte, bevor das Katholische zu einer Konfessionsbezeichnung unter anderen und der Papst zu einem reinen Bindemittel verkamen. Nachdem es ihn nur einmal gab, er seinen einzigartigen Dienst mit niemandem teilen konnte, war er folgerichtig für alle da. Selbst für die, die ihn ablehnten, wie Frère Roger stets hinzufügte.

Frère Roger sah weder einen Grund, sich diesem Menschen zu unterstellen, noch, ihm aus dem Weg zu gehen. Er wollte ihn mit seinen Möglichkeiten dabei unterstützen, alle miteinander in Beziehung zu bringen, unabhängig davon, welchem Bekenntnis sie sich verpflichtet fühlen. Er hat unerschütterlich daran geglaubt, dass es nötig und möglich ist, mit einer einzigen Kirche auszukommen.

*

Vorletzter Abend des Jahres 1980. Die Türen des Petersdoms öffnen sich für Tausende von Jugendlichen aus ganz Europa. Viele sind aus Osteuropa angereist, besonders Polen. Menschen, die sich nach jahrzehntelangen Einschränkungen in Zeiten des Kalten Krieges gerade ein wenig Bewegungsfreiheit erkämpft haben. Der Ordnungsdienst wählt angesichts des zu erwartenden Ansturms eine Strategie, die symbolisch für die Kirche erscheint. Er hält die mächtigen Portale bis zum letzten Augenblick geschlossen und öffnet sie erst, als es fast zu spät ist.

Kurz darauf wäre es vermutlich zu einer Massenpanik gekommen, weil die Menschen in den ersten Reihen dem Druck der Wartenden kaum noch standhalten konnten. Temperamentvolle Südeuropäer im Verein mit strategisch denkenden Nordeuropäern, die seit Stunden angestanden sind, stürmen in das Gotteshaus, um die vordersten Plätze zu erobern. Augenzeugen nennen es im Nachhinein ein Wunder, dass es zu keinem Todesfall kam.

Bald darauf beginnt ein Gottesdienst, wie ihn der Petersdom bis dahin noch nie erlebt hat. Unterstützt von einem großen Freiwilligen-Chor erfüllen die sich wiederholenden Kurzgesänge von Taizé die hell erleuchteten Gewölbe. Papst Johannes Paul II. sitzt unter dem Baldachin vor dem Altar. Bibeltexte, Stille, Fürbitten – das Gebet nimmt den in Taizé üblichen Lauf.

Schließlich löst sich Frère Roger aus der Schar der Brüder, die in der Vierung sitzen, erklimmt behände die Altarinsel und baut sich entschlossen auf. Er sagt dem Papst, den er wie einen lieben Vertrauten anredet, mit kräftiger Stimme ins Gesicht, dass er, Frère Roger, in seiner Person zusammenklingen lasse, was er im Lauf seines Lebens an Erfahrungen mit den verschiedenen Glaubensgemeinschaften gesammelt habe. Sein Handeln richte sich nicht gegen jemand oder etwas, er wolle einfach ein Mensch der Versöhnung sein.

*

War Frère Roger der erste Christ, der die Spaltung der Christenheit auf diese Weise zu verarbeiten versuchte? Sicher ist, dass er von der philosophischen Strömung des Personalismus beeinflusst und mit dessen Hauptvertreter Emanuel Mounier im Gespräch war. Die Erkenntnis, dass der Mensch in allen Institutionen im Mittelpunkt zu stehen hat, findet sich heute in sehr vielen Leitbildern karitativer Einrichtungen. Johannes Paul II. behauptete dasselbe, möglicherweise ohne sich der ökumenischen Tragweite der Aussage bewusst zu sein: »Der Weg der Kirche ist der Mensch.« Und sein Nachfolger Benedikt konnte immerhin zugestehen: »Es gibt so viele Wege zu Gott, wie es Menschen gibt.«

Dass es einem Mann wie Martin Luther oder anderen Reformatoren nicht vergönnt war, einen versöhnlichen Weg zu gehen, muss kein Grund sein, ihr geistliches Leben abzuwerten. Vielleicht gibt es, wie die Liturgie der Osternacht eine »felix culpa«,

»glückliche Sünde«, besingt, auch eine »glückliche Spaltung«, die ihren Versöhner findet. Frère Roger glaubte glühend an diesen versöhnenden Christus. Er hat seinen Glauben aber nicht nur geistlich gepflegt. Er hat auf seinem Lebensweg mit Taizé einen Ruhepol, eine Oase innerhalb einer gärenden Kirche geschaffen. Dort kann man diese Kirche als versöhnte Gemeinschaft erfahren. Sie ist keine Utopie, sie ist gelebte Praxis. Und sie ist mit den Händen greifbar, tatsächlich erfahrbar. Der Ort liegt nicht in einer religiösen Fantasie, sondern zehn Kilometer nördlich der alten Mönchsstadt Cluny, zwischen Dijon und Lyon.

Ein Beruhigungs- oder gar Betäubungsmittel für das Christenvolk wollte Frère Roger mit seiner Gemeinschaft freilich nicht sein. Die Ruhe kommt, wie er unermüdlich betonte, aus einem Frieden, der im Herzen seinen Ausgang nimmt. Wenn es eine dogmatische Glaubensmitte gibt, trifft sie mit dem Lebenskern des Menschen zusammen. Sie lässt das Herz brennen, weil sie auf die Liebe verweist. Mehr an Einheit ist nicht nötig und auch nicht zu haben. Nur ein Glaube, der sich von dieser Mitte entfernt, spaltet.

Unüberbietbar einfach benannte Frère Roger diese Mitte – je älter er wurde, desto öfter – und am Schluss beinahe jeden Tag: Gott ist nichts anderes als die Liebe, er hat nichts anderes, kann nichts anderes sein. Nach dem Glauben der Christen erweist Gott diese Liebe auf einzigartige Weise in der Person von Jesus Christus. Wer diese Liebe anderen abspricht oder verweigert, hat sich mit kaltem Herzen selbst um sie gebracht.

*

Frère Roger lebte für eine Ökumene des Herzens. In der inneren Mitte des Menschen, in seiner Person, kann sich zusammenfügen, was zusammengehört. Dort können die Spannungen ausgehalten werden, wie sie überall auftreten, wo man sich um Gemeinschaft bemüht. In jeder Familie, in jeder Partnerschaft und auch in der Gemeinschaft der Glaubenden. Ob der Prior diese Sicht von seiner Großmutter übernommen hat, wie er gerne behauptete, oder nicht, ist nebensächlich. Er hat diesen Ansatz zeit seines Lebens durchgehalten.

Was konnte diese ersehnte Gemeinschaft stärken? Gemeinsames Singen verbindet. Wenn aber jemand nicht singen will oder kann, einfach nicht mitsingt? Die gemeinsame Stille verbindet. Wenn aber jemand nicht zu ihr findet, sich seine Zeit anderweitig vertreibt? Die gemeinsame Arbeit verbindet. Wenn sie aber nur noch Anlass gibt, sich gegenseitig zu übertrumpfen oder zu übervorteilen? Die gemeinsame Not verbindet. Wenn sie aber trennt, weil jeder sich nur noch selbst der Nächste sein will und zu retten versucht, was zu retten ist? Der gemeinsame Glaube verbindet. Wenn aber der eine glaubt, ihn besser zu verstehen und zu formulieren als der andere?

Für Frère Roger konnte und musste vieles in der Schwebe bleiben. Daran erinnerte er die brüderliche Gemeinschaft, die er gegründet hatte, jeden Tag. Sie sei, in welchem Zustand sie sich auch befinde, »besucht« durch einen anderen – Christus. Das allein zählte für ihn. Mit diesem Vertrauen konnte das Zusammenleben der Brüder ohne Weiteres ein Gleichnis der Gemeinschaft in der Kirche sein. Mehr bedurfte es nicht, mehr durfte niemand verlangen. Frère Roger hat es verstanden, dieses Vertrauen als ein gemeinsames Gut aller Christen auszustrahlen.

Überquerung

Vielleicht genügt das, damit Christen, denen an Heiligsprechungen liegt, sich einst auf die Kanonisation Frère Rogers einigen. Es wäre ein ökumenisches Wunder, ein Quantensprung in der Kirchengeschichte. Für viele indes ist seine Heiligsprechung längst erfolgt und jedes Zeremoniell überflüssig. Vielleicht geschah sie unausgesprochen in jenem Augenblick im April 2005, als sich vor den Augen von Abermillionen Menschen ein anderer Sprung in der gemeinsamen Geschichte der Christen ereignete.

Der Petersplatz ist gefüllt, von Menschen und einer feierlichen Ruhe. Die Schreihälse, die den Papst wie eine Sportskanone bejubeln, sind diesmal still. Säuberlich wurden Karrees und Dreiecke abgesteckt, in denen die verschiedenen Personengruppen platziert sind. Auf einem Absatz vor den Stufen, die zur Fassade des Doms führen, steht ein Holzsarg, darauf liegt ein Evangeliar, in dem der Wind blättert. Weiter oben feiert der Zelebrant Josef Ratzinger den Trauergottesdienst für Johannes Paul II.

Auf seiner linken Seite sitzen die Kardinäle, auf der anderen die Staatsoberhäupter. Etwas unterhalb von ihnen ist ein Dreieck für die Menschen reserviert, denen der verstorbene Papst besonders vertrauensvoll verbunden war. An der Spitze, die zum roten Teppich mit dem Sarg zeigt, erkennt man auch aus der Ferne ein weißes Pünktchen. Das ist Frère Roger im Rollstuhl, begleitet von zwei seiner Brüder. Den Stuhl schiebt ein Herr im schwarzen Anzug, der offensichtlich zum Ordnungspersonal des Vatikans gehört.

Der Zeitpunkt, an dem die Kommunion ausgeteilt wird, ist gekommen. Kardinal Ratzinger nimmt den Kelch und geht damit weder zu den Kardinälen noch zu den Staatsoberhäuptern. Stattdessen stellt er sich links vor dem Altar auf und blickt unschlüssig in das weite Rund des Platzes. Niemand nähert sich, obwohl sicherlich viele gerne aus seiner Hand die Kommunion empfangen würden.

Der Sprecher im ZDF kommentiert: »Nun wird eine alte Dame im Rollstuhl quer über den Platz geschoben.« Der Unerkannte ist Frère Roger, an diesem windigen Apriltag bis zu den Ohren in Schals gehüllt. Zügig schiebt ihn der päpstliche Ordner über den Platz. Ohne eigenes Zutun findet er sich vor dem Präfekten der Glaubenskongregation und zukünftigen Papst wieder. Kardinal Ratzinger verzieht keine Miene und reicht ihm die Kommunion. Frère Roger versucht ihn noch charmant am Ärmel seines Chorrocks zu streicheln, greift aber ins Leere, weil er schon wieder weggeschoben wird.

Der Bischof von Autun – der katholischen Ortskirche, in der Taizé liegt – hatte Frère Roger bereits 1972 zum ersten Mal die Kommunion gereicht, ohne ihm mehr als das Apostolische Glaubensbekenntnis abzuverlangen. Seit vielen Jahren empfing Frère Roger die Kommunion ohne Aufhebens im Petersdom. Wäre er nicht jährlich nach Rom gefahren, hätte er nicht versucht, mit der ihm eigenen pastoralen Ausstrahlung Päpste und Kuriale für sich einzunehmen, wäre nichts passiert, wäre die Vertrautheit nicht entstanden. Er war längst Teil des Ganzen, durch seine unbeirrbare Leidenschaft für das *Eins sein* in Christus.

Die Würde der Welt

Friedfertigkeit

Die Frankfurter Paulskirche heißt nur so. In ihr finden, seit sie 1944 bei einem Luftangriff zerstört wurde, keine Gottesdienste mehr statt. Sie war 1848/49 Tagungsort des ersten gesamtdeutschen Parlaments und wurde 1948 als *Haus aller Deutschen* wiedereröffnet. Seitdem wird sie für Ausstellungen und öffentliche Veranstaltungen genutzt. Frère Roger betrat die Paulskirche nur ein einziges Mal, und auch er sprach dort kein Gebet.

Es war für ihn kein leichter Gang. Im Jahr 1974, als ihm der Börsenverein des Deutschen Buchhandels seinen Friedenspreis antrug, waren die Jugendlichen auf solche Zeremonien nicht gut zu sprechen. Frère Roger wollte vor ihnen nicht als ein Mann dastehen, der sich um Anerkennung bemühte. Ursprünglich hatte er sich vorgenommen, keine Auszeichnungen anzunehmen. Die Aufnahme in die französische Ehrenlegion, das betonte er immer wieder, habe er entschieden abgelehnt.

Es war ihm Ehre genug, dass junge Leute so zahlreich nach Taizé kamen. Sie mussten sich die weite Reise oft mühsam zusammensparen. Vielen von ihnen war es wichtig, für die Armen einzutreten, die sich nicht zu Wort melden können. Die Bankenstadt Frankfurt hingegen stand für den Reichtum der alten Bundesrepublik. Das passte nicht zusammen. Frère Roger nahm den Preis nach reiflicher Überlegung dennoch an, als Erster, wie die Jury feststellte, der sich nicht unbekümmert darüber freuen konnte.

Ein wichtiger Grund für Frère Roger war, dass die Verleihung im bundesdeutschen Fernsehen übertragen wurde. Das wog schwer zu Zeiten, in denen man die Kanäle an einer Hand abzählen konnte und Deutschland gespalten war. Frère Roger sah in der Feier eine einzigartige Möglichkeit, sich an Menschen in jenem Teil Deutschlands zu wenden, in den er zur damaligen Zeit keine Einreisegenehmigung bekommen hätte. Längst hatte es die regierungstreue »Freie Deutsche Jugend« der DDR aufgegeben, auf die Dächer zu klettern und die nach dem Westen oder West-Berlin ausgerichteten Fernsehantennen ihrer Landsleute auf den ostdeutschen Staatsfunk umzulenken. Bis auf wenige Gebiete konnte die gesamte DDR verfolgen, was den westdeutschen Brüdern und Schwestern öffentlich-rechtlich ins Haus gesendet wurde.

Vor laufenden Kameras nahm Frère Roger in Frankfurt am Main dann auch kein Blatt vor den Mund. Er erwähnte selbst erlebte Gräueltaten, die Franzosen nach dem Krieg an deutschen Kriegsgefangenen verübt hatten. Er rief einmal mehr in Erinnerung, dass es in jedem Land Menschen gibt, die zu allem fähig sind – nicht allzu viele, aber genug, um in bestimmten geschichtlichen Gemengelagen Unbeschreibliches anzurichten. Deshalb sei es nicht angebracht zu behaupten, es gebe Völker, die schuldiger sind als andere.

Frère Roger ergriff nie Partei für ein Volk und gegen ein anderes. Weil er keine Spur nationalistisch gesinnt war, nahm er sich aber – wie in Frankfurt – die Freiheit zu sagen, was er dachte und zum Teil am eigenen Leib erfahren hatte. Er hatte ein untrügliches Gespür für Menschen, die sich gedemütigt, ausgegrenzt, übervorteilt oder unverstanden fühlen. Deshalb lag ihm daran, auch Meinungen anzuhören und zuzulassen, die er gewiss nicht teilte. Ich habe nie erlebt, dass er jemand das Wort abschnitt. Er konnte beißende Kritik ertragen, solange sie niemandem aufgedrängt oder aufgezwungen wurde. Es war ihm lieber, dass Vorhaltungen zur Sprache kamen, als dass sie unbemerkt weiterglimmten und sich zu einem Brandherd entwickelten. Freilich zog er es vor, wenn Kritik unter vier Augen geäußert wurde, ohne Einflussnahme auf andere.

Er hielt die alte christliche Erfahrung hoch, dass der Friede in jedem Menschen beginnt. Ohne diesen persönlichen Frieden konnte sich kein vertrauensvolles Zusammenleben in einer Gesellschaft entwickeln. Planmäßig geschürte Unruhe macht mürbe, sie erschöpft, wie er in seiner Jugend an den Entwicklungen in Deutschland und Russland beobachten musste. Und verängstigte Menschen und Völker sind leicht lenkbar.

Auf den Geschmack an diesem Frieden wollte er auch die jungen Leuten bringen, die die herkömmliche Politik für zu schwerfällig hielten, um wirkliche gesellschaftliche Verbesserungen zu erreichen. In diesen Jahren propagierten manche gesellschaftlichen Gruppierungen, man solle niemand »über 30« trauen, schon gar nicht einem Vertreter der Kirche. Studentenunruhen hatten seit 1968 auch Deutschland und Österreich erschüttert.

Frère Roger ist nicht auf Abstand zu denen gegangen, die die bestehende Ordnung nicht mehr wollten, aber er hat sich ihnen auch nicht angedient. Einfach machte er es sich nicht. Lange hat er mit der Frage gerungen, ob der Begriff »Klassengesellschaft«, ein Schlüsselwort der damaligen Zeit, zu seinem Wortschatz zählen sollte. Er entschied sich schließlich dagegen. Frère Roger hatte es nicht mit Ausdrücken, die in aller Munde waren. Gerade in seiner Eigenständigkeit war er für Hellhörige eine inspirierende Stimme.

Er sah den Frieden im Herzen als Grundlage niveauvoller Politik. Da lag es nahe, dass ihm an jenem Sonntagvormittag im Oktober ein Friedenspreis verliehen wurde. Frère Roger hatte sich bei der Zusage die Erfüllung einiger Bedingungen ausgebeten. Als bis heute einziger Preisträger bat er, von einer Laudatio abzusehen. Und er wollte junge Leute an seiner Seite haben, im ganz wörtlichen Sinn. Der Vorstand des Börsenvereins des Deutschen Buchhandels kam ihm entgegen und war bereit, die Paulskirche auch für dieses Publikum zu öffnen. So ergab sich anlässlich der Preisverleihung ein Jugendtreffen, für das alle angeschrieben wurden, die bei Besuchen in Taizé ihre Adresse hinterlassen hatten. Umschläge wurden beschriftet, Einladungsschreiben auf Brennmatrizen-Druckmaschinen vervielfältigt. Der Postbeamte, der täglich mit einem gelben R4 die kleine Poststelle in Taizé anfuhr, hatte wieder einmal Waschkörbe voller Briefsendungen zu verladen.

Die Zahl der Anmeldungen übertraf alle Erwartungen. Einige bemühten sich auffällig entschieden darum, Eintrittskarten zu ergattern. Sie hatten ihre Gründe. Am Ende platzte die Paulskirche aus allen Nähten.

Sonntagmorgen. Um Frère Roger herum findet sich ein buntes junges Volk ein, das sich anspruchslos, wie es ist, einfach auf den Boden setzt. In dieser Umgebung fühlt sich der Preisträger sichtlich wohl. Andere junge Leute stehen in den Seitengängen und auf der Galerie. In der ersten Stuhlreihe hat Bundespräsident Walter Scheel Platz genommen. Frère Roger sitzt zwischen ihm und Helmut Kohl, damals Bundesvorsitzender der CDU. In den nächsten Reihen haben sich die festlich gekleideten Herren des Börsenvereins und andere geladene Gäste versammelt. Frère Roger begibt sich mit vier jungen Leuten, die ebenfalls zu Wort kommen sollen, an einen Tisch auf dem Podium und lässt die Begrüßung und die ehrenden Worte über sich ergehen.

Dann greift er zu seinen Papieren und will mit dem Dankeswort beginnen. Weil er nicht vom Pult aus sprechen möchte, ist für ihn eine eigene Lautsprecheranlage aufgebaut worden. Sie ist schlecht eingestellt, seine ersten Worte sind kaum zu hören – und werden alsbald übertönt. Ein junger Mann ist mit federndem Schritt zum steinernen Pult an der Stirnseite des Saals hinaufgestiegen. Er entfaltet einen Zettel und beginnt, eine Solidaritätsadresse für die Inhaftierten der Baader-Meinhof- Gruppe zu verlesen. Der Auftritt ist gut vorbereitet. Der Sprecher trägt ein Sakko, sodass ihn die Veranstalter für jemanden aus der Gruppe der jungen Leute um Frère Roger, die anderen für einen Redner des Veranstalters halten.

Bei der Verleihung des Friedenspreises, 1974

Nach einigen Sekunden löst sich die Überraschung im Saal. Ein Helfer Frère Rogers versucht den Mann am Mikrofon zum Aufhören zu bewegen. Der redet eisern weiter. Währenddessen zeigt sich, was unter den Parkas vieler junger Gäste verborgen ist. Flugblätter flattern von der Galerie aufs Parkett hinunter, Spruchbänder, die zur augenblicklichen Befreiung der inhaftierten Terroristen aufrufen, werden entrollt. Frère Roger wendet sich um und bedeutet nach oben blickend, man möge dem Redner ein paar Minuten einräumen. Warum soll er nicht zu Wort kommen, wenn ihm so sehr daran liegt? Was kann schon passieren? Es ist indes klar, dass hier eine komplette, direkt im Fernsehen übertragene Veranstaltung umfunktioniert werden soll, wie das damals bei Kaderschulungen eingeübt wurde. Schon hieven zwei, drei Ordner den jungen Mann vom Pult weg und tragen den heftig Strampelnden aus dem Saal. »Schlägerei in der Paulskirche«, titelt am Abend ein Frankfurter Boulevardblatt.

Die würdigen Herren in den Stuhlreihen haben begonnen, mit den Füßen auf den Boden zu stampfen, als seien sie wieder in die Hörsäle ihrer Jugend zurückgekehrt. In einem Sprechchor, der dem von Straßendemonstranten kaum nachsteht, rufen sie ein ums andere Mal: »Wir wollen Frère Roger hören!« Nach mehreren Anläufen kann dieser schließlich seine Ansprache beginnen, akustisch schwer verständlich, aber mit einer Präsenz, die alles zum Schweigen bringt.

*

Wo sich Frère Roger auf ein Ritual einlässt, und auch die Friedenspreisverleihung war für ihn eines, nimmt er sich etwas heraus, bedingt er sich etwas aus, das den Rahmen sprengt. Man findet ihn bei Gottesdiensten nicht im reichverzierten Chorgestühl oder in schlanken modernen Kirchenbänken, sondern auf dem Boden oder auf einem schmucklosen Holzhocker. Wo er erscheint, darf man sich selbst getrost auch auf den Boden setzen. Das bringt anfangs manche aus der Fassung, aber so füllen sich die Kirchen, und diesmal auch die Paulskirche mit einem ungezwungenen Durcheinander von Leuten, die eben die Nähe eines solchen Menschen suchen. Wo keine gewohnte Ordnung herrscht, ereignet sich, was sonst ausgeschlossen wäre, wenn ganz unterschiedliche Menschen aufeinandertreffen.

*

Die Feierstunde ist nach Frère Rogers Ansprache zu Ende. Das Publikum verläuft sich bis auf eine Auswahl von Mitgliedern des Börsenvereins, die zum Festessen mit dem Prior in einem vornehmen Frankfurter Hotel geladen sind. Dieser betritt die vornehme Lobby nur, weil die Veranstalter auf seinen Wunsch hin auch einige Dutzend junger Leute zu dem Bankett eingeladen haben. Die Sicherheitsbeamten, nach dem Vorfall am Vormittag auf der Hut, versuchen unauffällig jeden einzelnen Jugendlichen zu identifizieren. Ich zähle zur Prominenz und werde durchgewinkt. Zu den unvermeidlichen Jeans trage ich einen graugemusterten Pullover mit roten Einsprengseln, den mir in Taizé eine Norwegerin geschenkt hat, und bin damit ähnlich gekleidet wie die anderen Jugendlichen. Im Speisesaal mit Stuck und Kronleuchtern sind Vierertische gedeckt, an denen jeweils drei Herren in schwarzen Anzügen und weißen Hemden mit dunklen Krawatten mit einem jungen Mann oder einer jungen Frau Platz nehmen.

An meinem Tisch werde ich vom einen Herrn gegenüber etwas gereizt, vom anderen links leicht herablassend und vom dritten rechts eher väterlich befragt – es geht um meine Karrierepläne. Ich stammle irgendetwas, das nicht geeignet ist, meine Ahnungslosigkeit zu verbergen. Danach dreht sich das Gespräch um den Buchmarkt. Nach dem Espresso werde ich kühl bis freundlich verabschiedet. An anderen Tischen wurde offensichtlich lebhafter diskutiert.

*

Eine solche Momentaufnahme scheint heute kaum der Rede wert. Damals sprach sie Bände. Sie deutet eine aufgewühlte Gesellschaft an, in der es schwerfällt, sich über Mentalitäten und Weltanschauungen, geschichtliche Erfahrungen und ideologische Erwartungen hinweg zu verstehen.

Es kam Frère Roger nicht in den Sinn, junge Leute gegen ältere auszuspielen oder begüterte Menschen gegen weniger bemittelte. Er wollte, dass sie einander begegnen, anstatt übereinander zu reden oder gar herzufallen. In Frankfurt trafen an diesem Oktobersonntag Generationen aufeinander, die sich in jenen Jahren der alten Bundesrepublik durchweg mit Unverständnis, wenn nicht gar feindselig gegenüberstanden. Es ist heute kaum nachzuvollziehen, wie die Erinnerung an die Jahre des Nationalsozialismus und die als Bedrohung empfundene Herrschaft des realen Sozialismus in der DDR damals bis in die Wohnzimmer der alten Bundesrepublik Misstrauen schürte. Man verdächtigte sich gegenseitig, mit der einen oder anderen Diktatur zu liebäugeln. Ewiggestrige trafen auf »vaterlandslose Gesellen«, wie es im Jargon hieß. Dazwischen gab es die abfällig als – Zitat – »scheißliberal« Bezeichneten. Frère Roger brachte sie alle anlässlich seines Besuchs zusammen und erwies damit der sich festigenden Demokratie einen Dienst. Da war die Paulskirche der richtige Ort.

Barrierefreiheit

Ein Vierteljahrhundert später, bei der Verleihung des Internationalen Karlspreises 1989 in Aachen, gibt es kein Festessen mehr. Frère Roger dringt darauf, dass auf dem Katschhof, einem großen öffentlichen Platz vor dem Rathaus, Eintopf für alle ausgeteilt wird. Ungezwungen und fröhlich sitzen in der warmen Maisonne viele auf dem Pflaster, auf Mauervorsprüngen und Bänken. Junge Leute, Bundesminister, Kirchenmänner und der eine oder andere Streuner, der sich den Gang zur Kantine in der Obdachlosenunterkunft erspart. Es ist eine andere Gesellschaft als die in Frankfurt. Steifes Leinen sieht man nur noch in exklusiven Zirkeln und bei Modeschauen.

In Aachen tritt auch lediglich ein einzelner Demonstrant auf, der Frère Roger warnen möchte, in der Kaiserstadt herrsche das *Opus Dei* – eine katholische Organisation, die das christliche Leben der Laien am Arbeitsplatz stärken wolle, sich aber als eine Art Geheimorganisation in kirchliche Elitenpolitik verstrickt habe. Frère Roger habe den Preis von einem stockkonservativen Vertreter der Kirche angenommen und damit einen Fehler begangen, ist sich der Demonstrant sicher. Der junge Mann hat eine dem amerikanischen Ku-Klux-Klan nachempfundene Kapuze über das Gesicht gezogen und schwitzt erbärmlich. Frère Roger nimmt seinen Protestzettel entgegen, faltet ihn und steckt ihn in die Hosentasche.

*

Auch während der Aachener Feierstunde war Frère Roger schwer zu verstehen, wie die Presse vermerkte. Die Scheinwerfer der Fernsehübertragung aus dem Kaisersaal waren gleißend hell. Er konnte mit seinen schwach gewordenen Augen den vorbereiteten Text der Ansprache nicht entziffern. So begann er frei zu reden, wie es ihm ohnehin am liebsten war. Ein Satzanfang ging in den nächsten über, zur wachsenden Verzweiflung des Übersetzers. Er habe von jeher Vertrauen zu den jungen Deutschen, erklärte Frère Roger unumwunden, sie sollten nie vergessen, dass man Schuld aus der Geschichte nicht verallgemeinernd einem ganzen Volk anlasten und es auf diese Weise demütigen kann. Es gebe keine schuldigen Völker, es habe niemals solche gegeben und es werde sie nie geben. Wieder erreichten seine Worte auch Menschen in Ostdeutschland.

Mehr noch als seinerzeit in Frankfurt war die Anwesenheit Frère Rogers die eigentliche Ansprache. Sein bescheidener Auftritt beeindruckte. Er kam gerade aus Ungarn, von einem Treffen, an dem zum ersten Mal über tausend junge Ostdeutsche teilnehmen konnten. Alle kehrten nach Hause zurück, obwohl niemand wissen konnte, wann sich die Grenze für sie ein weiteres Mal öffnete. Doch kaum ein halbes Jahr später hatte die innerdeutsche Grenze ausgedient.

*

Am Tag nach der rauschenden Nacht des Mauerfalls umarmt Frère Roger die deutschen Brüder in Taizé nach dem Morgengebet in der Sakristei. Er strahlt, freut sich aus ganzem Herzen mit ihnen. Fühlt er sich auf der Seite derer, die nun behaupten können, sie hätten gesiegt? Als am Ende des Mittagessens an jenem trüben Novembertag der Kaffee ausgeschenkt wird, blickt er in die Runde und sagt nur: »Die Mauer ist gefallen. Jetzt ist es zu spät. Und wir haben nicht genug Besuche gemacht.«

Gleich nach dem Bau der Mauer war Frère Roger klar: Wenn es Politik sein soll, Menschen voneinander zu trennen, dann ist es eben unsere Politik, jede noch so kleine Lücke zu nützen, um wenigstens einseitig Besuche abzustatten, von West nach Ost. Darin hatte ihn ein deutscher Bruder bestärkt, der in russischer Kriegsgefangenschaft gewesen war.

*

So wurden die Treffen in Taizé und anderswo stets durch kleinere, unter der Hand vorbereitete Begegnungen an abgelegenen Orten in der Nähe von Berlin, in der sächsischen Schweiz oder an der Ostsee begleitet.

Frère Roger ertrug es nicht, dass sich Menschen abgeschrieben vorkommen konnten. Wer Spielraum hatte, musste ihn nutzen für Menschen, die keinen hatten oder für die er eingeschränkt war. Es war eine Angelegenheit des Herzens. Sie kostete ein besonders für junge Besucher hohes Tagesgeld, mit dem sich das Ost-Regime die Devisenkasse füllte. Die menschliche Nähe, die man bei solchen Reisen erfuhr, war indes nicht mit Geld zu bezahlen. Herzliche Gemeinschaft, Verbundenheit in der Freiheit des Glaubens zersetzten auf die Dauer die Kräfte kaltblütiger Abschirmung. Bei den Menschen, die mit Besuchern wie denen aus Taizé in Berührung gekommen waren, brannten die ersten Kerzen, die später als Lichtermeere friedlichen Protests auch Uniformierte in ein anderes Licht rückten.

In Taizé waren die Menschen aus Mittel- und Osteuropa im Geiste durchgehend präsent, auch wenn sie, wie die in der DDR, lange nicht dorthin fahren konnten. Das hatte mich als Ostbayern beeindruckt. Ich war innerhalb Europas nach Westen gezogen – und die Menschen in Leipzig, Dresden, Rostock und Ost-Berlin und auch in den benachbarten östlichen Ländern waren mir dennoch näher als zuvor. Auf meiner ersten Reise in den Osten Deutschlands traf ich dort einige Menschen, die hinter dem Stacheldraht innerlich freier waren und mehr von Demokratie verstanden als manche im Westen. Das konnte man im Anschluss bei den Jugendtreffen in Taizé aus erster Hand vermitteln. Es prägte die Gespräche dort.

Nachdem die Mauer eingerissen war, hatte sich die Lage schlagartig verändert. Es galt auch in Taizé neue Entscheidungen zu fällen. Konnte man, beispielsweise beim Treffen über den Jahreswechsel 1989/1990 in Breslau, junge Westdeutsche und junge Ostdeutsche in ein und demselben nationalen Treffen über das Leben in ihrem Land nachdenken lassen wie die Spanier, die Polen oder die Franzosen?

Die Begegnung zwischen Ost und West, die in Taizé nie unterbrochen wurde – trug sie nun, nachdem die Frage nach den zwei deutschen Staaten politisch vom Tisch war? Was hieß Einheit, was hieß Versöhnung in diesem Augenblick? War Vereinigung möglich, gab es etwas zu versöhnen?

In Breslau trafen sich die Deutschen jedenfalls erst einmal getrennt. Ob Frère Roger dazu befragt wurde, weiß ich nicht. Aber es passte zu dem Weg, den er mit den Treffen gehen wollte. Er war sich bewusst, dass es dauern kann, bis Wunden der Geschichte heilen, und vertraute wohl darauf, dass die junge Generation ihren Weg finden würde. Er begleitete den Prozess wie viele andere, ohne in ihn einzugreifen. So brauchte er nie auf Abstand zu gehen und musste sich nicht auf eine Seite schlagen. Wie immer, begann für ihn alles im Herzen des Einzelnen. Und wenn Frère Roger anwesend war, fühlten sich ganz verschiedene Menschen grundsätzlich gut aufgehoben. Was sonst Anlass zur Abgrenzung gab, spielte auf einmal keine Rolle mehr.

Noch im November 1989 und sobald es im darauffolgenden Frühjahr Ferien gab, sind die ersten jungen Leute aus der DDR gruppenweise in Taizé. Sie fahren mit der Bahn von Frankfurt an der Oder bis Frankfurt am Main. Dort steigen sie in einen der Pendelbusse, die sonnabends über Freiburg Taizé ansteuern. Andere haben Partnergemeinden im Hessischen oder im Badischen und reisen mit den jungen Leuten von dort aus in Kleinbussen weiter.

Die Begrüßung verläuft zunächst keinesfalls stürmisch. Allein von der Kleidung her sind da zwei verschiedene Gruppen unterwegs. Kaum rollen die Busse an, stecken sich die jungen Westdeutschen ihre Kopfhörer ins Ohr und schauen zu den Klängen versonnen in die Landschaft. Die Ostdeutschen sitzen daneben und sehen sich nach einigen Kilometern fragend an. Gibt es denn keine Unterhaltung? Sie würden gerne ihre Erfahrungen loswerden und haben jede Menge Fragen.

Die Zwischenhalte verlaufen für ihre Begriffe hektisch. Die Westdeutschen stürmen die Raststätte, die Ostdeutschen packen ihre Butterbrote aus. Erst als die Busse schon tief in Burgund von der Autobahn auf die Nationalstraße wechseln, macht sich Gemeinsamkeit breit. Es wächst die Spannung auf den Aufenthalt in Taizé. Als die ersten romanischen Bruchsteinkirchen vorbeiziehen, erreicht die Erwartung den Höhepunkt.

Der Bus rollt auf dem großen Parkplatz hinter den Baracken in Taizé aus. Glänzende Hartschalenkoffer und angejahrte Leinenrucksäcke werden ausgeladen. Während die Westdeutschen unschlüssig herumstehen – »Wo ist denn hier der Service?« –, rennen die Ostdeutschen einfach los. Irgendwo spielt jemand Gitarre und ein paar andere singen dazu. Da gehören sie hin. Es sind junge Letten, die dort musizieren. Endlich selbst gemachte Musik, endlich Lieder, die ihnen aus der osteuropäischen Musikszene vertraut sind.

Nicht alle Fahrten nach dem Mauerfall verliefen so, aber viele. Mit ihrer Einfachheit waren die Jugendtreffen in Taizé auch in den neuen politischen Gegebenheiten robust genug, die Gegensätze auszuhalten. Vor allem die gemeinsame Erfahrung der Stille prägte die Weise, in der man miteinander umging. Die Bibeltexte zum Nachdenken waren so gewählt, dass alle damit etwas anfangen konnten. Auch der Abwasch brachte die Teilnehmenden zusammen. Die bescheidene Organisation der Jugendtreffen verdankte sich den Erfahrungen der internationalen Begegnungen in Mittel- und Osteuropa. Sie war im Westen mit seiner gut ausgestatteten Jugendarbeit kaum mehr zu finden. Im Osten hatte sich erwiesen, dass es mit wenig Aufwand möglich ist, gemeinschaftliche Stunden und Tage zu erleben. Es sprach für die Jugendlichen aus dem Westen, dass ihnen diese Art zusagte, auch ohne einschlägige Erfahrungen von zu Hause.

Freiheitsdrang

Frère Roger war ein Begleiter, der mit seiner Meinung nicht hinter dem Berg hielt. Dabei prüfte er sich immer wieder selbst, ob er es in der rechten Art und Weise tat. Und er hatte ein feines Gespür dafür, wo Demagogie begann. Das habe ich von ihm gelernt. Die Lust oder der Zwang, andere auf die eigene Meinung oder Überzeugung einzuschwören, war für ihn eine Krankheit. Er hatte freilich keine Schuljahre durchlaufen, in denen man für erfolgreiche Diskussionsgefechte benotet wurde, wie meine Generation. Unduldsamkeit aus Sendungsbewusstsein ertrug er nicht.

Er hatte, soweit ich das beurteilen kann, keinen selbstverständlichen Zugang zu demokratischen, offenen, pluralistischen Verhältnissen. Gerne erzählte er, dass seine Mutter weinend durchs Wohnzimmer lief, eine Illustrierte mit dem Bericht über die Ermordung der Zarenfamilie in der Hand. Da war Frère Roger drei Jahre alt. Monarchien waren ihm als Schweizer fremd. Aber warum sollte sich nicht eine Gesellschaft im Schicksal eines einzelnen Menschen, einer Familiendynastie spiegeln? Dass er mit solchen Gedanken spielte, nahmen ihm manche übel, gerade Deutsche.

Vom Hochmut eines Massenlenkers war Frère Roger frei. Davon konnten sich viele, ja sehr, sehr viele Menschen überzeugen. Er setzte sich schüchtern auf die Bühne, froh über die Begleitung durch Kinder, auf die er sich im Alter auch körperlich mit der Hand stützte. Der Hocker oder die Bank, auf der er Platz nahm, konnten gar nicht einfach und niedrig genug sein. Einmal musste er von einer Kanzel herunter sprechen, weil die Mikrofonanlage in der Kirche zum Teil ausgefallen war. Da brachte er zunächst keinen Ton heraus. Ein anderes Mal brandete Applaus auf, als er eine Messehalle betrat. Da setzte er sich spontan mit den Kindern im Mittelgang auf den Boden, bis die Beifallsbekundung vorüber war.

Er hat sich nie daran gewöhnt, im Rampenlicht zu stehen. Dabei waren seine Zuhörer für ihn keine Masse, sondern eine Ansammlung unverwechselbarer Einzelner. Wenn er in der Menge ein Gesicht wahrnahm, inspirierte das oft seine Worte. Dann wich er spontan vom vorbereiteten Text ab – je älter er wurde, desto öfter geschah dies. So entstand Unmittelbarkeit. Er sprach aus seinem Herzen anderen unmittelbar ins Herz. Und zwischen manchen Sätzen schwieg er länger, nicht aus Berechnung, sondern um sich für eine kurze Weile denen zu entziehen, die allzu bereitwillig an seinen Lippen hingen.

*

Frère Roger hat nie, wie es eine Zeit lang in Mode war, einen sogenannten *Öffentlichen Brief* unterschrieben. Zum Beispiel ein Protestschreiben gegen Atomkraftwerke, Umweltzerstörung, Rüstungswahnsinn – oder für eine Neuerung in der Kirche. Es wäre ein Leichtes gewesen und hätte ihn nicht viel gekostet. Doch gerade deshalb lehnte er es ab. So manches Mal sagte er, man müsse nur einmal eine bestimmte politische Sprachregelung gebrauchen, und schon wäre man anerkannt. Er könne es nicht, es wäre zu bequem.

Einmal fälschten junge Leute seine Unterschrift unter einem solchen Aufruf. Frère Roger nahm von dem Rat, dagegen gerichtlich vorzugehen, keine Notiz. Aufwiegelung und Stimmungsmache, Instrumentalisierung, aber auch Bloßstellung anderer waren ihm vollkommen fremd. Immer wieder einmal wies er darauf hin, Jesus habe den Tempel ganz allein ausgeräumt. Er habe niemanden aufgehetzt, es mit ihm gemeinsam zu tun.

Als Frère Roger den Friedenspreis des Deutschen Buchhandels bekommen hatte, bezeichnete ein Kommentator des Deutschen Fernsehens die Jugendtreffen in Taizé als »Kinderkreuzzug des Frère Roger«. Kommentatoren brauchen eingängige Bilder, um sich in Erinnerung zu halten. An dieser Formulierung stimmt, dass Frère Roger in der Lage war, anderen so eindringlich sein Vertrauen auszusprechen, dass dies einen womöglich bis zur Unzurechnungsfähigkeit beflügeln konnte.

Von dieser Begabung hat er jedoch willentlich keinen Gebrauch gemacht, im Gegensatz zu manchem politischen Führer, der die junge Generation pries, um sie für seinen politischen Umsturz zu begeistern. Frère Roger zielte auf die Eigenständigkeit der Person, wenn er immer wieder betonte, »Taizé« sei kein Lebensstil, den man zu übernehmen habe. Niemals hat er sich die Nähe, die er gewährte oder die andere bei ihm suchten, bezahlen lassen – schon gar nicht in der Währung der Liebedienerei.

Er sah, dass es großer Anstrengungen bedurfte, damit eine Gesellschaft gleichzeitig frei und solidarisch war. Die Erfahrungen seiner Jugendzeit lehrten ihn, das Spiel der gesellschaftlichen

Kräfte in einem Volk genau zu beobachten. Dasselbe galt für ihn in der Gemeinschaft der Völker. Dass die Russen zum Beispiel bei ihrem Abzug aus Deutschland vom damaligen Bundeskanzler mit einer in den Augen vieler Bürger übertrieben großen Summe abgefunden wurden, leuchtete ihm unmittelbar ein. Soldaten, die gedemütigt nach Hause kommen, sind stets ein gefährlicher Bodensatz, erklärte er mir einmal. Wer andere politisch knechtete, musste mit den Spätfolgen seines Handelns rechnen.

*

Frère Roger glaubte an die Kraft ruhigen Vertrauens aus einer inneren Freiheit, an der sich niemand zu vergreifen hat. Deshalb lagen ihm gefährdete Kinder besonders am Herzen.

Mitte der Siebzigerjahre war er, zum Entsetzen mancher, die bei den Jugendtreffen tätig waren, eine Zeit lang fest davon überzeugt, dass alle ungewollten Kinder in Taizé aufgenommen und betreut werden sollten. Alle Kinder auf der Erde, die im Stich gelassen wurden, deren Leben nicht erwünscht war, die in irgendwelchen Heimen endeten. In seiner Fantasie sah er bereits den ganzen Hügel mit Hütten übersät, zwischen denen Kinder aller Hautfarben spielten. Im kleinen Stil hatte er dies mithilfe einer seiner Schwestern, die eine Gruppe Kriegswaisen aufzog, gleich nach dem Zweiten Weltkrieg begonnen. Nun, drei Jahrzehnte später, kamen wenigstens einige kinderreiche Flüchtlingsfamilien in Taizé unter. Er hat die großen Flüchtlingswellen unserer Zeit vorausgeahnt und haftete mit seiner Gemeinschaft im Laufe der Jahrzehnte für den Unterhalt von Portugiesen, Vietnamesen und manch anderen Zufluchtsuchenden.

*

Frère Roger wollte Neuanfänge ermöglichen. Die Vergangenheit war nicht zu ändern, das Gedenken konnte allenfalls dazu dienen, mit guten Gründen eine andere Zukunft zu wagen. Deshalb war für ihn von den schlimmsten Lagern, die zu seinen Lebzeiten in Europa eingerichtet wurden, nicht zuerst das Grauenhafte der Erinnerung wert. Er hob immer wieder hervor, was einzelne Menschen, den Tod vor Augen, dort für andere bedeutet haben. Menschen wie Edith Stein, Dietrich Bonhoeffer und Janusz Korczak. Er glaubte an eine Heilung durch Begegnungen, bei denen sich die einen in das Schicksal anderer versetzen können. Eine Besserung durch Abschreckung, indem man etwa geschehenen Terror vorführte, auch die Schrecken von Konzentrationslagern, hielt er für aussichtslos. Der Anblick würde, so fürchtete er, unbewusst die Lust am Bösen schüren, das Kleinliche, Niedere, das Gestörte im Menschen erst so richtig wecken.

Politik, die den Namen verdiente, war für Frère Roger das Bemühen, ganz verschiedene Menschen zusammenzuführen und ihnen Wege zu erschließen, friedlich und gerecht zusammenzubleiben. Damit prägte er die Atmosphäre in Taizé. Dass sie tragfähig war, erwies sich, wenn politische oder religiöse Eiferer, die sich zwangsläufig zu einem offenen Ort hingezogen fühlten, nach Taizé kamen, um dort auf Fischzug nach Gefolgsleuten zu gehen. Sie wurden meist bereits nach wenigen Sätzen entlarvt. Die jungen Leute wandten sich einfach ab. Später gab es, besonders bei den Europäischen Treffen in Großstädten, einige Helfer aus der Gemeinschaft, die Jugendlichen gezielt beistanden, wenn diese gefährdet waren, einem Rattenfänger ins Netz zu gehen.

Anwaltschaft

Im deutschen Herbst 1977 gab es tagelang keine Nachrichtensendung, die nicht mit den Worten »Der Genfer Rechtsanwalt Denis Payot …« begann. Er war ein Neffe von Frère Roger, Sohn seiner lebensfrohen Schwester Ivonne, die das Haus in Taizé bei Besuchen mit ihrem hellen Lachen heilsam »entweihte«. Er bemühte sich, zwischen den Terroristen und der Bundesregierung zu vermitteln.

Leute aus dem Umfeld der Baader-Meinhof-Gruppe – »Dunstkreis« wurde das damals von manchen genannt, was an die Ausdünstungen in einem Stall denken ließ –, versuchten sich die Gutmütigkeit des Anwalts zunutze zu machen. So geriet dieser in die öffentliche Kritik.

Bei seinem Begräbnis konnte man Jahre später sehen, dass sie nicht die Einzigen waren, denen seine Zuvorkommenheit zugute kam. Die Genfer Kirche war von Menschen aller Erdteile gefüllt, denen er, lange vor Lampedusa, helfen wollte, vom »Strandgut« zu Mitbürgern zu werden. Er war hilfsbereit und gutherzig, wie man es von seinem Onkel kannte, aber vielleicht ein wenig zu gutgläubig. Bei den Terroristen und ihren Sympathisanten mag die verwandtschaftliche Beziehung Hoffnungen auf Unterstützung in Taizé geweckt haben.

*

Frère Roger neigte in allen Lebenslagen zu einer gelassenen Sicht, verfiel nie in Hysterie. Auch nicht in Augenblicken sinnloser Gewalt, die aus verbissener, eiskalter Logik damals im Schwange war: »Entweder du bist ein Teil des Problems oder ein Teil der Lösung.« Eine betagte Diakonisse, die zeitweise ein Haus im

Dorf Taizé bewohnte und bei Schreibarbeiten für die Treffen half, war fest davon überzeugt, dass eines Abends der in Baden lebende Terrorist Christian Klar mit einigen Gefährten vor der Tür gestanden habe. Bei einer Tasse Tee habe sie sich mit den jungen Leuten eingehend unterhalten. Der Rest sei Seelsorgegeheimnis.

Was hatten gewaltbereite Rebellen von einem Aufenthalt in Taizé erwartet? Frère Roger gestand jedem zu, aufrichtig auf der Suche zu sein, auch dann, wenn er die Mittel nicht guthieß. Taizé war ein Ort der Zuflucht – für wirklich alle. Jeder und jedem war es möglich, dort innerlich, ohne Hetze und Zugzwang, die eigene Lage zu klären.

Ob jemand aus der Szene das erkannt und ernst genommen hat, ob je einer in der Erwartung, einen Ausweg aus einer inneren Verspannung zu finden, nach Taizé kam, lässt sich nicht mehr sagen. Oder erhofften sich manche, ihre Überzeugungen könnten auf einen Ort wie Taizé abfärben? Ging es darum, einen konspirativen Ort einzurichten, nachdem hier ganz selbstverständlich auch entschieden linke Jugendliche zu Wort kamen und heftige gesellschaftskritische Äußerungen fielen? Es muss solche Hoffnungen gegeben haben – und sie müssen enttäuscht worden sein. Ein Beleg dafür ist eine Zeile aus einem ellenlangen Bericht des Magazins *Der Spiegel* über die Lage der Terroristen, in dem der Name Taizé erwähnt wurde. Dort heißt es, die Inhaftierten der RAF hätten Anwälte, die ihnen nicht willfährig genug erschienen, unter anderem mit »diese Taizé-Brüder« beschimpft. Solche Aufmerksamkeit widerfuhr keiner anderen religiösen Gemeinschaft.

*

Frère Roger hatte in seinen jungen Jahren einen ausgeprägten Gerechtigkeitssinn entwickelt. Zu Beginn hatte er in Taizé mit der Aufnahme von Flüchtlingen, die in Frankreich nicht weniger verfemt wurden als in Deutschland, ein Zeichen gegen die Gewalt gesellschaftlicher Systeme gesetzt. Freilich tat er es gewaltlos und bedrohte niemand. Den Christen im deutschen Widerstand, die sich nur mit allergrößten Hemmungen zu einem politisch begründeten Mord an Adolf Hitler durchringen konnten, fühlte er sich gewiss verwandt.

So geriet er nicht in Panik, als Studenten, die zu Hause Vorlesungen sprengten, mit laut skandiertem Protest durch die Städte zogen. Er stellte sich ihnen, wenn sie ihn mit ihren Fragen in die Enge trieben. Zwischen den Zelten, auf den Wiesen und in der Kirche von Taizé konnte man der Kritik freien Lauf lassen. Ein Ort, an dem auch barsche Zwischenrufe erst einmal ausgehalten wurden, zog mich wie viele meines Alters unwiderstehlich an. Frère Roger ließ sich auf den Zahn fühlen. Wer ein Gebet mit minutenlanger Stille mitmachte, musste dann auch bei dem Gehör finden können, dem das Gebet am Herzen lag. Das war für ihn eine Frage der Glaubwürdigkeit.

Er verwirklichte beides, *Kampf und Kontemplation*, wie er einprägsam formulierte und damit den Nerv der Zeit traf. Ich hatte es selbst erfahren. Nur wer ausruhen, wer verweilen kann, ist halbwegs gewappnet gegen jede Art von Gängelung. Nur wer seine Muskeln ganz entspannen kann, vermag in einem angespannten Kampf zu bestehen – nicht nur beim Sport. Die beiden Begriffe, die wie Feuer und Wasser zu sein scheinen, gehören zusammen. Aus ihrer Verbindung ergibt sich weder frömmlerische

Ruhe noch Blindwütigkeit, wie Frère Roger unermüdlich betonte. Einmal verwies er auf lateinamerikanische Guerilleros, die eine Nacht vor dem Tabernakel beteten, bevor sie in ihren revolutionären Kampf zogen. Als er noch in der evangelischen Pfarrstelle der nächstgelegenen großen Stadt Mâcon aushalf, suchte er regelmäßig auch die Gewerkschafter in ihrem Haus auf. Das Bergbaugebiet um Le Creusot mit seinen Arbeitern in der paternalistisch geführten Schwerindustrie der Familie Schneider lag ihm mehr am Herzen als die sanften Hügel, auf denen unweit romanischer Kirchlein Charolais-Rinder muhen und Bresse-Hühner gackern.

*

Für reine Parteipolitik ließ sich Frère Roger nicht einspannen. Und er lehnte es ebenso ab, dass Kirchenleute die Wahlfreiheit der Menschen einzuschränken versuchten. Einmal, ein einziges Mal, war das Porträt eines Politikers bei einem Taizé-Treffen zu sehen. Das war Ende Dezember 1989, als die jungen Tschechen und Slowaken endlich unbehelligt nach Breslau fahren konnten, wo das europaweite Jugendtreffen 1989/90 stattfand. Ganz Südeuropa kam nicht über die Tschechoslowakei dorthin, sondern auf dem Umweg durch die mittlerweile geöffnete DDR, die bei dieser Gelegenheit zum letzten Mal Passierscheine ausgab. Kurz vor Weihnachten war sicher, dass auch die Grenze zwischen Schlesien und den Sudeten von einer politischen zu einer gewöhnlichen Staatsgrenze geworden war. Die Jugendlichen passierten sie in Dutzenden großer Gruppen und trugen Plakate von Václav Havel wie Standarten vor sich her. Keiner hat ihre Freude angetastet.

*

Taizé ist ein weltweiter Treffpunkt, an dem man schmerzhaft verspürt, wenn in einem Land – aus welchem Grund auch immer – junge Leute keine Reisefreiheit haben. Da stand man als Deutscher lange dumm da. Wie heute ein Nordkoreaner, ist man versucht hinzuzufügen: »Hatten wir die Wahl?«

Wir hatten sie nicht. Aber in Taizé lag etwas in der Luft, das einen ermutigte, daran zu glauben, dass Diktaturen jeglicher Art nichts anderes sind als Steine, die steter Tropfen höhlt.

*

Mit sich und der Welt zufrieden saß Frère Roger an einem Nachmittag im Frühherbst 1990 beim Tee unter dem Vordach seines Zimmers – ein Moment, zu dem er alle einzuladen pflegte, die gerade vorbeikamen. Da bot er nicht selten Konfitüre an, die eine seiner Schwestern nach Art des Hauses Schutz-Marsauche zubereitete. Sie wurde nicht auf Weißbrotscheiben, sondern auf Crème fraîche gelöffelt. In einem solchen Moment des Glücks erwähnte einer seiner Gäste, dass Albaner, wahrscheinlich sogar Staatsbeamte, fernmündlich darum gebeten hätten, nicht länger zu verbreiten, dass zu den Jugendtreffen mittlerweile ganz Europa, aber noch immer keine Jugendlichen aus ihrem Land kommen könnten. Sie schämten sich dafür, sie wollten keine Außenseiter und nicht die Letzten sein. Frère Roger ging das nahe.

Die Zügel des Geldes

Der Hügel von Taizé fällt dort, wo das Dorf liegt, steil ab, während er auf der anderen Seite, jenseits des benachbarten Marktes Ameugny, flacher ausläuft. Folgt man dort der gewundenen, zum Teil noch durch Bruchsteinmauern gesäumten Straße und überquert auf ihr das Flüsschen im Tal, erreicht man einen etwas größeren Ort, der eine eigene Poststation hatte.

In der Anfangszeit der Gemeinschaft, in den Vierzigerjahren des letzten Jahrhunderts, ging Frère Roger eines Tages mit einem anderen Bruder dorthin, um eine Geldsendung abzuholen. Die wertvolle Post aus der Schweiz war in einem einfachen Briefumschlag eingetroffen. Sie nahmen ihn in Empfang und machten sich auf den Heimweg. Außerhalb der Ortschaft öffneten sie den dicken Brief. Fassungslos mussten sie sich damit abfinden, dass die Geldscheine durch ein Bündel klein geschnittener Zeitungsseiten ersetzt worden waren.

Frère Roger sah davon ab, dies bei der Polizei anzuzeigen. Er wusste, dass es keinen Sinn hatte, sich wegen des Geldes mit Menschen zu verfeinden oder sie ins Unglück zu stürzen. Dabei würde er als Christ selber den größten Schaden nehmen, davon war er überzeugt. Ein anderes Mal führte eine Erbangelegenheit zu Streitigkeiten in der Familie eines Mitglieds der Brüdergemeinschaft. Frère Roger hätte lieber das herrschaftliche Haus verkauft und wäre in eine Baracke umgezogen, als das Geld aus dieser strittigen Erbschaft, das bereits eingegangen war, für die Gemeinschaft oder für die Treffen in Taizé zu verwenden. So gab er es zurück. In solchen Momenten verlor er die letzten Zweifel daran, dass es nicht anders geht, als selbst für den Lebensunterhalt aufzukommen.

Er war ein eifriger Arbeiter. Das Schreiben von Büchern betrachtete er als sein Handwerk. Ohne Handwerk keine Wirtschaft, und was für Volkswirtschaften galt, traf in seinen Augen auch für die Gesellschaft im Kleinen zu, für eine christliche Gemeinschaft.

*

Wo es um Geld geht, liegen die Nerven blank. Beim Geld, heißt es, hört die Freundschaft auf. Die Frage, wie man es in der Kirche verdient und verwendet, ist entscheidend. Wer nicht klar Auskunft geben kann, schadet der Gemeinschaft mehr als mit einem unbedachten Wort über einen Glaubenssatz. Frère Roger hatte eine unmissverständliche Antwort auf die Frage, was gut und richtig sei: Wir verdienen unser Geld selbst, das bewahrt uns davor, die Tuchfühlung mit der Welt zu verlieren, in die wir gehen wollen.

*

Ich komme von einem Zahnarztbesuch aus Mâcon zurück. Vor dem Haus laufe ich Frère Roger in die Arme. Er hat eben der Töpferwerkstatt einen Besuch abgestattet und will sich in seinem Zimmer für das Mittagsgebet vorbereiten. Wie immer, wenn ein anderer in seine Nähe kommt, bleibt er stehen. Teilnahmsvoll erkundigt er sich, woher ich gerade käme. Ich berichte von meinem verhältnismäßig glimpflich, weil schmerzfrei abgelaufenen Termin beim Zahnarzt. Er habe nicht einmal etwas für die Behandlung verlangt, füge ich hinzu. Frère Roger gefriert das Lächeln auf den Lippen. »Da fährst du gleich nach dem Mittagessen zurück und erstattest die Behandlungskosten«, sagt er ohne eine Sekunde nachzudenken.

Der alte Herr im weißen Kittel schmunzelt, dass ich so schnell zurück bin. Offenbar bin ich nicht der Erste aus der Gemeinschaft, der auf Weisung von Frère Roger die Rechnung doch begleichen muss. Ich blättere ihm ein paar Franc-Scheine auf seinen eleganten Schreibtisch mit geschwungenen Füßen. Er war ein großzügiger Mensch, der gerne von dem teilte, was er besaß.

Möglicherweise hat er das Geld gleich danach der *Operation Hoffnung* gespendet, die Frère Roger für symbolische Hilfsaktionen eingerichtet hatte. Ich weiß es nicht. Auf dem Konto kam mitunter viel zusammen.

Es war für Frère Roger durchaus kein Problem, mit hohen Beträgen umzugehen. Darin glich er Mutter Teresa. Der Magie des Geldes hat er sich allerdings entzogen. Ihr zu verfallen war für ihn eine Form von Aberglauben. Geholfen haben ihm dabei zweifellos seine Erfahrungen mit der Genfer Gesellschaft. Sein Vater, ein Pfarrer im Hinterland der Großstadt, kam mit seinen neun Kindern bestimmt nicht in die Verlegenheit, mit Geld um sich zu werfen, selbst wenn er ausgabefreudig gewesen sein mag. Frère Roger konnte ausgezeichnet rechnen, und es war ihm bewusst, dass alles im Leben seinen Preis hat.

*

Ein Samstagnachmittag im Frühsommer. Auf dem Weg vom Gespräch mit einer Gruppe junger Leute hinunter ins Haus sehe ich hinter dem breiten Holztor jemand ein Auto waschen. Die Fahrzeuge stehen zum größten Teil unter freiem Himmel, eine richtige Garage gibt es nicht. Unwillkürlich muss ich an meine Kindheit denken, wo ebenso an jedem Wochenende in den Wohnstraßen schaumgekröntes Wasser in die Rinnsteine floss. Sobald die Wagen makellos blinkten, begab sich der stolze Besitzer selber in die Wanne. Die Zärtlichkeit, mit der das Ganze vor sich ging, kam hoffentlich auch den Kindern zugute, die an den Sonntagen dann auf der Rückbank des Familienautos Platz zu nehmen hatten, damals noch ohne Sicherheitsgurte und festgestellte Rückenlehnen.

Frère Roger, der eben von einem Spaziergang zurückkommt, reißt mich aus meinen Gedanken. Er setzt ein strenges Gesicht auf. »Oh, was für eine Mühe du dir machst«, sagt er zu dem eifrigen Arbeiter, »aber hör jetzt lieber auf, die Autos zu waschen, die sehen dann so wertvoll aus, das passt nicht zu uns.« Der andere stellt verlegen das Wasser ab. Irgendwann wird es wieder einmal regnen.

Das war die eine Seite. Die andere sah so aus: Einer der Ersten, die sich Frère Roger angeschlossen hatten, war der Sohn eines Industriellen. Die Familie konnte sich schon in den Dreißigerjahren ein großes Auto leisten, vielleicht war es auch der Firmenwagen. Jedenfalls setzte der Vater seinen Jüngsten auf den Schoß und ließ ihn das Lenkrad bedienen. Beim damaligen Verkehrsaufkommen ein überschaubares Wagnis. Dem Sohn ging das nie mehr aus dem Kopf, sein Verhältnis zu Autos war fortan ein inniges. Er fuhr gern und viel, auch als er längst in Taizé war. Und vor allem raste er. Frère Roger stand Heidenängste aus, er schien nicht zu glauben, dass Engel oder andere Mächte im Zweifelsfall die Gesetze der Beschleunigung außer Kraft setzen. Es blieb nur eines übrig, und da zögerte er keinen Augenblick: Ein großes, sicheres Auto musste angeschafft werden. Es wurde auf einen Parkplatz zwischen die Kleinwagen gezwängt. Frère Roger sparte nicht am falschen Fleck und sang schon gar nicht das Hohelied der Armut. Dafür hatte er vor diesem Wort zu viel Ehrfurcht.

Einfachheit, wie er lieber sagte, war für ihn keine Frage von Beträgen. Geld war nur Tauschmittel. Man sollte etwas davon in der Tasche haben, kaum einer kommt ohne Geld durchs Leben, es sei denn, er lässt andere für sich zahlen. Das Geld kann aber zur Falle werden, wie Frère Roger nüchtern erkannte. Es kann einen besitzen, man kann von Geld besessen sein. Und das fürchtete er ebenso, wie es die Leitfigur seiner christlichen Kindheit und Jugend, der Genfer Jean Calvin, fürchtete. Warum zählte für ihn das Geld letztlich so wenig? Weil es nichts von dem aufwiegen kann, was ein Mensch wert ist. Man kann Geld nicht mit einem Sinn aufladen, der ihm fehlt.

*

Der Wunsch nach Einfachheit war für Frère Roger aber kein Vorwand, andere zu bevormunden. Keiner konnte zu ihr gezwungen werden. Einfach leben, fand Frère Roger angemessen, weil es für ihn ein Weg dahin war, frei zu sein, anderen gerecht zu werden. So war man sicher, ihnen nichts vorzuenthalten, was sie brauchten, damit sie angesichts des Überflusses anderer und eigener, gar erzwungener Entbehrungen nicht am Sinn des Lebens zweifeln. Einfachheit war für ihn auch dazu da, Zeit zu haben, zu einer Ruhe und Gelassenheit zu finden, die auf den anderen eingehen kann und auch auf sich selbst. Einfachheit verstand Frère Roger als die Freiheit, sich auf Weniges zu konzentrieren, Oberflächlichkeit und Zerstreuung zu vermeiden.

*

Als meine Freunde und ich uns zu Beginn des ersten längeren Aufenthalts in Taizé im Zelt für die Ankömmlinge bei der Zahlstelle melden, wird uns von zwei langhaarigen Deutschen eröffnet, dass wir pro Tag eine kleinere oder größere Summe im Voraus zahlen könnten, je nach Selbsteinschätzung unserer finanziellen Möglichkeiten. So etwas hatte ich bei einer derart großen Veranstaltung noch nie erlebt. Man bekam Selbstverantwortung zugestanden, im Vertrauen, dass sich die Kosten am Ende dennoch decken, dass die einen also auch für andere aufkommen würden.

Was die Verantwortung des Einzelnen noch deutlicher machte, war die beiläufige Bemerkung, die Treffen würden in keiner Weise bezuschusst. Auch das hatte ich noch nie erlebt. In der klassischen kirchlichen Jugendarbeit konnte man für jede Maßnahme Zuschüsse beantragen. In Taizé bewegte man sich außerhalb dieses Rahmens. Das haben Hunderttausende dort erfahren.

Noch erstaunter bin ich, als uns nach der Bezahlung von einer Spanierin im Hosenrock, die sichtlich keinen Widerspruch gewohnt war, ganz selbstverständlich eine Arbeit zugeteilt wird. Wir sollen uns nach dem Mittagessen zum Spülen einfinden. Beitrag bezahlen und noch dazu arbeiten? Damit war mir ebenfalls noch nie jemand gekommen. Entweder ich finanziere meinen Teil an den Kosten einer Veranstaltung und genieße sie oder ich arbeite mit. Dann brauche ich aber nichts zu bezahlen. Mit dieser Logik war ich aufgewachsen.

Umdenken war angesagt. Das Verfahren leuchtete ein. Nur auf diese Weise, so hatte ich gelernt, sei es möglich, junge Leute aus allen Ländern und Schichten zu Gast zu haben. Hier war ein Ort, der es von vornherein darauf anlegte, allen offenzustehen, eine Keimzelle für Frieden und Verständigung, in Europa und darüber hinaus.

*

Frère Roger hatte mit diesen Regelungen die spaltende Macht des Geldes entschärft. Das Geld trennte nicht, sondern brachte zusammen, ohne dass sich jemand beim anderen bedanken musste. Das machte die Einfachheit von Taizé auch für verwöhnte junge Leute anziehend. Sie ist kein Spiel mit der Armut – es ist genug für alle da. Aber alle erhalten dasselbe einfache Essen, ob es ihnen schmeckt oder nicht. Bei Vegetariern oder Veganern werden Fleisch oder Ei einfach weggelassen.

In Taizé gibt es keine Almosen. Indirektes Teilen ermöglicht für alle einen Freiraum der Begegnung. Ganz nebenbei sind alle Gäste in Taizé für eine Woche davon befreit, sich ständig über möglichst billige Angebote von Bedarfsgütern auszutauschen. Dennoch wollte Frère Roger dort keinen konsumfreien Ort. Ich weiß noch, wie für uns junge Leute Mitte der Siebzigerjahre beinahe die faszinierende Welt von Taizé zusammenbrach, als wir übers Jahr feststellten, dass es an einem Kiosk vor Ort mittlerweile Schokoladenriegel zu kaufen gab. Es wirkt heute lächerlich, aber wir sahen darin eine bedrohliche Entwicklung, einen schändlichen Luxus. War Taizé auf dem besten Weg, seine Ideale zu verwässern? Wir hielten uns für die Nicht-Konsum-Elite, die geradezu gierig darauf bedacht war, mit möglichst wenig auszukommen. Wir frönten einem auf den Kopf gestellten Materialismus, der den Mangel als Ideal hinstellte. Es war die Zeit, wo in den kleinen Gesprächsrunden mancher Mühe hatte zuzugeben, dass er Weihnachten ein neues Paar Ski geschenkt bekommen hatte. Darf man das haben oder nicht, war damals die Frage. Die Empfehlungen der Bibel griffen allerdings so recht erst ab dem zweiten Paar.

Das sah Frère Roger weniger verkniffen. Das Materielle war für den Menschen da, nicht umgekehrt. Deshalb hatten die Immobilien für ihn *Mobilien* zu sein. Sie standen für Frère Roger nie fertig da. Das große Haus der Brüder wurde von händeringenden Handwerkern so oft umgebaut, bis es seinen wechselnden Bewohnerzahlen wieder entsprach. Dabei wurde das Baumaterial für Zwischenwände immer dünner gewählt. Ein gewolltes Provisorium. Die Möbel wurden ohnehin ständig umgestellt.

Frère Roger wusste, dass ein Gemeinschaftsleben auch materiell gesehen nie abgeschlossen, niemals zu Ende entwickelt ist. Er war durchaus geschickt im Verhandeln und in der Lage, vorausschauend zu planen. So hätte er leichthin, Zug um Zug, manches auf- und ausbauen können. Nur, sagte er sich häufig, was man hat, muss man auch verwalten. Und ein Verwalter war Frère Roger nicht. Die uralte Frage, wo der Schatz des eigenen Lebens ist, eine Frage, die auch Jesus gestellt hat, war für ihn klar. Sein Schatz war fraglos die Nähe zu Christus. Und alles, was in seinen Augen diese Nähe verstellte, schaffte er weg.

Die langen Bücherreihen, die sich in der Gemeinschaft angesammelt hatten, landeten schließlich in den Fluren. Eine große, gut geführte Bibliothek hätte viel zu sehr nach traditionellem Klosterbetrieb ausgesehen.

Immer wieder einmal fragte er, ob man den hohen, mit Ziegeln gedeckten Dachstuhl nicht absägen könne, der das große Haus der Brüder noch stattlicher aussehen ließ. Er wollte ihn per Hubschrauber über den Hügel befördern und als Unterstand für die Treffen der Jugendlichen aufstellen lassen. Dass das niemand ernst nahm, störte ihn wenig. Es war nur eine Frage. Und wer Fragen hatte, war noch unterwegs.

Die Schönheit der Dinge

Lebenspraktisches

Frère Roger stand mitten im Leben, und es war eine Lust, es für sich mit seinen Augen in allen Einzelheiten zu betrachten. Er hatte keine Angst vor der Welt, weil er nicht verweltlicht war. Das erkannte man daran, dass er sich nicht mit frommen Sprüchen oder Allgemeinplätzen hervortat. Er fand eine kindliche Freude darin, ohne geistliches Netz und doppelten Boden am Leben der Menschen teilzuhaben, angefangen bei dem seiner eigenen Familie.

Wenn er einen anmaßenden kirchlichen Bedenkenträger nicht länger anhören konnte, dachte er erleichtert daran, wie gut er sich mit bekennenden Agnostikern oder Atheisten verstand. Von seiner Schwäche für Weihrauch und forsch gespielte Orgelwerke erholte er sich, indem er von den nüchternen Gottesdiensten der Quäker erzählte, bei denen lediglich einzelne Teilnehmer ab und an einen kurzen Gedanken in die Stille hinein äußern.

Er konnte die Bürde seiner sich selbst gestellten Aufgabe vergessen, indem er sich mit Wonne in lebenspraktische Fragen stürzte. Er wusste, auf welchen Plätzen man in den kleineren Flugzeugen am besten die Beine ausstrecken konnte und wie man es anstellen musste, um diese bevorzugten Sitze beim Einsteigen auch zu ergattern. Er konnte mühelos den Reifegrad von Obst in Supermärkten bestimmen und in einem Restaurant auf Anhieb selbst gemachte Mayonnaise von industriell hergestellter unterscheiden. Er achtete auf seine Körperspannung, saß bis in die letzten Jahre mit oder ohne Bänkchen auf dem Boden, vermochte sich auf einer einfachen Decke vollkommen zu entspannen.

Klangfarben

Ich kenne kaum ein Land, über das er nicht ein Buch gelesen hätte. Dabei war er kein neugieriger Tourist. Reisen zu Gottesdiensten oder zu den Armen in aller Welt, die enge Beziehungen zu Menschen mit sich brachten, vertrugen sich für ihn nicht damit, gleichzeitig wie ein Eindringling deren Kultur zu besichtigen. Was ihm Einheimische stolz vorführten, betrachtete er mit der gebotenen Höflichkeit. Mit den Jahren fehlte ihm dazu allerdings immer mehr die Geduld. »Darüber haben wir schöne Bildbände zu Hause …«, war dann seine stehende Redewendung. Auch für die Natur begeisterte er sich, abgesehen von Spaziergängen in der Umgebung von Taizé, eher durch Erzählungen anderer oder beim Blättern in prächtigen Fotobänden, wovon er kaum genug bekam.

Er zitierte auswendig aus dem Libretto von Operetten, die er als Kind gehört hatte. Damals, an den Pfarrstellen seines Vaters, erlebte er keinen Tag ohne Musik. Das Haus war voll Gesang, Klavierspiel und Melodien aus dem Grammofon, das seine Eltern als Erste im Dorf angeschafft hatten. Mit seinem geschulten Geschmack bevorzugte er die kernigen, herben Moll-Tonarten vor den gefälligeren in Dur. Ich kann Bachs Allegro, den ersten Satz aus dem Klavierkonzert in d-Moll, nicht hören, ohne dass es mir so vorkommt, als sei Frère Roger ganz in der Nähe.

Bei einem Abendgebet in der Leipziger Thomaskirche, bei dem mir die Anwesenden allzu ernst und die sich wiederholenden Gesänge allzu getragen erschienen, konnte ich mir am Grab des berühmten Kantors die Bemerkung nicht verkneifen, bei seinem

Namen hätte ich den Duft von Reis und Hühnchen in der Nase. Das wurde lange Zeit hindurch jeden Sonntag in der Gemeinschaft aufgetischt. Meist tönten währenddessen eines der Brandenburgischen Konzerte oder ähnliche Barockkompositionen aus den Lautsprechern.

Die Musik war für Frère Roger ein Raum, in dem man wohnen konnte. Einfach zusammen sein, ohne Worte, wie auf einer gemeinsamen Reise, in der jeder unbekannte Schönheiten der eigenen Landschaft entdeckt. Musik, nicht nur politische Strategien und religiös motivierter guter Wille, war für ihn nötig, um die Erde bewohnbar zu machen, vielleicht war sie für ihn eine Art Zuhause – sicher ist das nicht.

Frère Roger hatte eine Lieblingsfarbe: Orange. Das ist in Taizé unschwer zu erkennen. Satte Orangetöne waren für ihn eine Art *Gold der Armen*, vergleichbar dem Grund der Ikonen, der in die Ewigkeit weist, in Gottes Gegenwart. Gott ist zwar, wie Christen glauben, Mensch geworden. Er bleibt aber auch für sie der Unbegreifliche, jenseits von allem, über alles hinaus, wie es auch in anderen Religionen mit dieser Farbe angedeutet wird. Lange Zeit konnten Besucher dies nicht nur im Altarraum der großen Kirche, sondern auch in Frère Rogers Zimmer erleben. Es war in einem orange gehaltenen Farbton ausgemalt. Seine Türen und die der beiden Wandschränke waren hellblau gestrichen.

*

Eines Tages fällt mir ein kleines Plakat in die Hände, eine Abbildung von bemaltem Stuck aus einer süddeutschen Barockkirche.

Frère Roger ist auf einer längeren Reise, so darf ich mich, einen leisen Verdacht hegend, ohne anzuklopfen in sein Zimmer begeben. Es hat bezeichnenderweise zwei Türen, ist also auch als Durchgang benutzbar. Das stört seinen Bewohner selten, weil es ihm umso häufiger Gelegenheiten zu kurzen Begegnungen beschert.

Meine Vermutung bestätigt sich, die Probe geht auf. Ich halte das randlose Plakat an die Wand. Das oberbayerische Orange verbindet sich übergangslos mit dem von Frère Roger gewählten Ton. Dasselbe bei einer Schranktür, auch da gehen die beiden Farben bruchlos ineinander über. So hatte mit Frère Roger etwas von der Welt des Barock in einer Gegend Einzug gehalten, die weithin nur streng romanische Bruchsteinkirchen kennt, innen kalkweiß verputzt. Die Nüchternheit, die an Frère Rogers kalvinistischer Wiege stand, hatte Platz für die überschwänglichen Farbtöne eines selbstbewussten Katholizismus.

*

Bildende Kunst und Kultur hatten für Frère Roger zwei Seiten. Sie zeigten, ähnlich der Technik, zu welchen erstaunlichen Leistungen Menschen fähig sind. Gelungene Kunstwerke waren für ihn wie Spiegel, die den Betrachter belebten, ihn in ungekannte Sphären entführten. Aber sie konnten auch nur oberflächliche Reize auslösen, Trugbilder sein, mit denen der Künstler lediglich sich selber zu verherrlichen oder die erlernte Kunstfertigkeit darzustellen suchte. Solche Kunst samt dem Kunstbetrieb wehte ihn kalt an. In seinem Zimmer gab es zuletzt nur noch klassisch gemalte Ikonen. Ein Original, das er arg ramponiert geschenkt bekommen hatte, und gute Nachbildungen.

Anziehend

Eine Frage, bei der Frère Roger nie zu einer Lösung kam, war die der angemessenen Kleidung. Sie spielte für ihn eine wichtige Rolle. Wie wirke ich – aufdringlich, vertrauenswürdig, nachlässig oder eitel? Was sage ich mit meiner Kleidung aus? Gebe ich durch sie anderen Zugang zu dem, was mir wichtig ist, oder verbaue ich ihn? Wodurch schrecke ich andere ab? Was soll man anziehen, wenn man mit seinem Leben vor allem anderen auf Christus verweisen möchte? Er machte sich viele Gedanken und sprach gern darüber.

Wenn man Frère Rogers Leben anhand der veröffentlichten Fotos vorüberziehen lässt, sieht man ihn in wechselnder Aufmachung. In Taizé trägt er zunächst eine stilisiert nachgeschneiderte Tracht der Bauern seiner Heimat. So konnte er sich ziemlich unauffällig unter der ländlichen Bevölkerung Südburgunds bewegen. Dann wechselt er zum dunklen Anzug mit Krawatte, womit er in den kirchlichen Milieus angemessen auftreten konnte. Als sich die jungen Leute einstellen, sieht man ihn im Grobstrickpullover in weiten Hosen ohne Bügelfalten. Ein zwanglos gekleideter älterer Freund, der sich ohne Weiteres auch auf den Stufen eines Hörsaals niederlassen konnte. Als er immer bekannter wurde, begann das weiße, ursprünglich nur zum Gebet getragene Gewand mit der runden Kapuze zusammen mit der Kreuzikone und den orangefarbenen Tüchern zu einem Logo für die Frömmigkeit von Taizé zu verschmelzen. Er nahm das hin, und legte das Gewand in der Öffentlichkeit kaum mehr ab.

Nur einmal schneidert er selbst. Er ist schon etwas gebrechlich und müde von einem langen Gebet bei einem Europäischen Jugendtreffen, das in mehreren Messehallen gleichzeitig stattfand. Die Menschen, die von weit her zusammengekommen sind, wollen ihn nicht mehr gehen lassen. Beim Aussteigen aus dem Auto, das ihn zu seinem Quartier bringt, verfängt er sich in dem langen Stoff und bricht sich fast ein Bein. Darauf greift er, Junggesellendasein hin oder her, beherzt zur erstbesten Schere und kürzt das Gewand unten um eine Elle. Es einzusäumen, hält er erst einmal für unnötig. Er stört sich nicht an den ausgefransten Fäden. Bewegungssicherheit und Gesundheit gehen vor Eitelkeit. Zwei Gewänder will er nicht verderben, und die Zeit ist auf Reisen knapp.

Das Kleid ist für den Menschen da, es wärmt und bedeckt ihn. Der Wert des Menschen fällt und steigt nicht mit der richtigen Bekleidung. Aber sie drückt auch etwas von ihm aus. Deshalb hat die Auswahl Sorgfalt verdient. Umgekehrt ist der Mensch aber nicht für das Kleid da. Er ist mehr als ein Kleiderbügel, von dem man nur betrachtet, was an ihm hängt, ob es gut gearbeitet und wie teuer es ist. Kleider machen Leute, auch Ordensleute. Wer der Mensch ist, der es trägt, und warum er es trägt, ist die Frage. Auch hier sah Frère Roger tiefer – auf das Herz.

Zwischenberichte

Frère Roger war kaum vorstellbar ohne einen Stift in der Hand. Er schrieb am Tisch in seinem Zimmer, stundenlang, nur unterbrochen von kurzen Gesprächen, die er mit dem Hunger eines unersättlich Fragenden führte, der sich unablässig intellektuell verausgabte. Er brauchte Humus für das Gewächshaus seiner Gedanken. Theorie war für ihn Anschauung Gottes, und die Praxis nie ganz geklärt. Kaum waren einige Worte gewechselt, strich er ganze Zeilen auf seinen Blättern oder zerknüllte sie ohne Zaudern, mit der Hand bereits am Papierkorb.

Wo es nur ging, ließ Frère Roger in seinen Schriften die Ich-Form beiseite. Er erzählte einmal, er habe mitten in der Lektüre ein Buch quer durch sein Zimmer geworfen. Es handelte sich um Tagebuchaufzeichnungen eines Autors in seinem Alter, bei denen er den Eindruck hatte, der Mann drehe sich unaufhörlich um sich selbst und erhebe sich mit seinem Wissen über andere.

So schwer es ihm fiel, an seinen Niederschriften Gefallen zu finden, so mühelos konnte er ein ums andere Mal Erlebnisse und Erfahrungen schildern. Dabei kamen mitunter neue Einzelheiten zutage, oft konnte man aber ganze Sätze mitsprechen, fast wie ein überliefertes Gebet. Es war mündliche Tradition im besten Sinne, ein kostbares Gedankengewebe, das sich im Raum ausspannte, wenn auch, für die treuen Zuhörer, auf bald ermüdende, bald amüsante Weise. Frère Roger nahm selbst Letzteres hin, er hatte die Gabe, über sich selber lachen zu können.

Er schrieb bei Tisch auf eine Serviette, er notierte im Gebet auf kleine Zettel. Er liebte die Erkenntnisse, die sich wie von ungefähr einstellten, mehr als ausgeklügelte Gedankenspiele. Er tändelte nicht mit der Sprache. Schreiben, das war ihm etwas Ernstes. Er wollte nicht geistreich sein, aus der Sorge, den Geist zu verdecken, an den er glaubte und auf den er hoffte. Eingebungen kamen wie die Tauben, und es galt sie festzuhalten. Das versuchte er in seiner weit ausladenden, schnörkellosen Schrift, und der Stift huschte nur so über die Schreibfläche. Ein unbefangener Beobachter mochte annehmen, Frère Roger fiele es leicht, seine Texte zu verfassen. Das Gegenteil war der Fall.

*

Frère Roger sitzt an seinem runden Tisch, vor der Tür zu einem winzigen Balkon auf der Südseite des Hauses. Er ist nach vorne gebeugt und füllt behände Bogen um Bogen. Er hat vor Kurzem einen Marken-Filzschreiber entdeckt, der besonders gut gleitet, fast ohne Widerstand und ohne die Hand zu ermüden. Um diese Wirkung noch zu erhöhen, bedient er sich glatten, gestrichenen Papiers.

Frère Roger hatte ein ungebrochenes Vertrauen in die Technik und interessierte sich brennend für jede Errungenschaft, nicht nur der Schreibtechnik. Er vertraute im Übrigen etwas unzeitgemäß darauf, dass der Mensch für jede Gefahr, die dem Erdball droht, ein Verfahren erfinden kann, das ihr entgegenwirkt. Einen Computer besaß er jedoch nicht, immerhin ein schnurloses Telefon.

*

Es ist eine Lust, neben ihm zu sitzen, wenn er schreibt. Man glaubt wahrzunehmen, wie sich die schnelle Folge seiner Gedanken entwickelt. Wie sie von der konzentriert gerunzelten Stirn über die hellwachen Augen, die irgendwo in der Ferne nach einem Ruhepunkt Ausschau halten, in seine flinke Rechte fließen, die das Papier Zeile um Zeile bedeckt. Wörter und Sätze fügen sich so zusammen, dass jedem, der seine Schrift zu entziffern vermag, ganz neue Sinnverknüpfungen erschlossen werden.

Freilich blieben auch diese Gedanken für ihn wie nasser Ton, der wieder und wieder in Form zu bringen war. Fertig waren für ihn seine Texte nie, sie blieben Durchgangsstadien, wie die Stöße eines Schwimmers, der sich nach vorne schiebt, indem er das Wasser nach hinten drängt, ohne schon das Ufer zu sehen. Schreiben war für Frère Roger, den Wasserscheuen, wie Schwimmen. Hätte er es eingestellt, wäre er untergegangen. Weil er es pflegte, wurde er getragen. Religion ohne Wort war für ihn undenkbar. Was ihn selbst trug, trug er weiter, in einem an Bibelversen geschulten Stil.

Früher oder später kam der Tag, an dem ein Text gedruckt werden musste. Er war für Frère Roger wie eine Vorwegnahme des Endes der Welt, der Apokalypse. War es nicht ungehörig, einen lebenden Menschen auf einen nicht mehr zu verändernden Text festzulegen? Einmal ließ er die Druckmaschine der Communauté anhalten, als eben die ersten fein säuberlich bedruckten Bögen die Walze verlassen hatten. Lag das Buch schließlich fertig auf dem Tisch, konnte er es oft für eine geraume Weile nicht aufschlagen.

Und nahm er es nach Jahr und Tag zur Hand, begann er den Text streckenweise von Grund auf umzuschreiben, mit dicken, schwarzen Buchstaben und Symbolen, die die Strichstärke der gedruckten Buchstaben bei Weitem übertrafen. Er verstümmelte Seite um Seite, bis gerade noch so viel vom Text übrig war, dass sich ein Neuanfang zum Thema lohnte. Er nahm dafür glatte, neue Bögen zur Hand, wie sie ihm schon für das ursprüngliche Manuskript gedient hatten. Ganze Wälder, dachte ich mir einmal, müssen vergehen, sich zusammenschieben und erhärten, bis man am Schluss daraus ein Stück Kohle gewinnen kann. So verdichtete Frère Roger seine Gedankenwelt.

Deshalb war es nie leicht, Frère Rogers Texte zu lesen. Seine Bücher lassen sich nicht verschlingen wie Groschenromane. Er schrieb gegen den Strich, was ihm jeweils eine Fülle kurzsichtiger Verbesserungsvorschläge von Sprachpflegern und Experten einbrachte, die des Wortlauts von Bibelversen und Dogmen kundig waren. Sein Text lief nicht hinunter wie der Sirup manch geistlicher Literatur. Wer ihn übersetzen wollte, bekam das zu spüren. Ich war dabei immer in der Versuchung, das, was im Französischen offenblieb, was nie ganz übertragen werden konnte, mit einem gängigen deutschen Ausdruck vermeintlich passender, in Wirklichkeit eine Spur banaler zu fassen. Mit der Zeit lernte ich zu widerstehen, stolz bin ich auf die meisten Arbeiten dennoch nicht. Es war in Taizé nicht üblich, den Übersetzernamen auf der Titelseite des Buches anzugeben. Die Verantwortung war man damit nicht los.

Es war fesselnd, ihm durch seine Schriften zu begegnen. Sie ermöglichten einen Austausch, eine Nähe, eine Vertrautheit, die sich vielleicht anders nicht so innig eingestellt hätte. Mit sanftem Zwang brachte er einen dazu, die eigene Ausdrucksfähigkeit kreuz und quer auszuloten, ihr alle Feinheiten abzuverlangen. Damit führte er einen wieder in die eigenen Gefilde zurück, zu jener Sprache eben, die auf Deutsch Muttersprache heißt. Vielleicht war ihm, der stets dazu stand, nur Französisch sprechen zu können, das Wort, sein Wort doch ein Stück Heimat.

Die Liebe der Menschen

»Taizé ist wie ein Kuss.« Das Mädchen errötet leicht. Sie kann es selbst nicht fassen, dass ihr das in der Runde eben herausgerutscht ist. Für einen Augenblick sind sie alle still, die aus der Jahrgangsstufe eines Gymnasiums im Haus beim Glockenturm zusammensitzen und über die zu Ende gehende Woche nachdenken. Es ist Samstag am Spätnachmittag. Morgen, gleich nach dem Gottesdienst, bringt sie ein Bus nach Deutschland zurück. Niemand kichert, keiner feixt. Die Bemerkung scheint alle getroffen zu haben.

*

Das ist es. Taizé geht unter die Haut, weckt Schmetterlinge im Bauch oder ist, für eine Generation früher, wie Nenas »Neunundneunzig Luftballons« oder, noch eine Generation zurück, wie Led Zeppelins »Thank you«. Es ist schwer in Worte zu fassen, was der Glaube mit einem macht. In Taizé sorgen die Jugendlichen dafür, dass er nicht mit ausgeleierten Formeln heruntergebetet wird. Sie verbergen und verbiegen ihre Sprache nicht. Die Gute Nachricht ist für sie eine »geile«. Weil Frère Roger sich nie anbiedernd die Redeweise der Jugendlichen zu eigen machte, fühlen diese sich umso freier, zu ihrer Sprache zu stehen. Manchmal rau, aber immer herzlich.

Damit berühren sie, oft ohne es zu ahnen, die schönsten Stellen des Buches, das ihnen in Taizé nahegebracht werden soll, die Bibel. »Einen Kuss auf die Lippen gibt, wer richtig antwortet«, heißt es im Buch der Sprüche. »Mit Küssen seines Mundes bedecke er mich«, dichtet das Hohelied der Liebe. »Sie hat mir unaufhörlich die Füße geküsst«, sagt Jesus im Lukasevangelium über eine Frau.

Was alle Welt gern macht, und wozu immer zwei gehören, wird zum Zeichen eines Glaubens, der verbindet. Wie soll ich tiefer ausdrücken, dass ich die Liebe Gottes teilen kann, dass mir Menschen ans Herz wachsen, dass sich Unbefangenheit einstellt zwischen zweien, die in ruhigen Gottesdiensten entdecken, dass sie einander arglos nahekommen?

*

Frère Roger betritt das Büro eines Pressedienstes. Ein paar Journalisten haben sich eingefunden und sich sorgfältig einige Fragen zurechtgelegt. Das Gespräch kommt schnell in Gang. Der Prior, wie er hier angesprochen wird, fühlt sich sicher. Keiner ist drauf aus, ihm etwas in den Mund zu legen oder ihn zu einer unbedachten Aussage zu verleiten, bei der eine Schlagzeile abfällt.

»Jetzt kommt wohl mein Sohn«, sagt er plötzlich, seinen Gedankenfluss unterbrechend, als sich draußen etwas rührt. Die Kugelschreiber stocken, man sieht sich erstaunt an. Schon geht die Tür auf, und ein Heranwachsender betritt scheu um sich blickend den nüchtern eingerichteten Raum. Er geht stracks auf Frère Roger zu. Im Türrahmen steht eine Frau in den besten Jahren und blickt sichtlich erfreut auf die Szene. »Ach, da bist du ja«, sagt Frère Roger, umarmt ihn und küsst den Jungen auf die Stirn. Aber es ist gerade weder die Zeit noch der Ort für Herzensergüsse. »Wir sehen uns gleich noch!«, sagt er deshalb und wendet sich wieder der großen Runde zu. Als sich die Tür wieder schließt, hat die Konzentration im Raum merklich nachgelassen. Mehrere Journalisten meinen, eben Zeugen einer Vaterschaft Frère Rogers geworden zu sein. Der bemerkt, dass einige verunsichert sind, und ahnt den Grund. »Er ist für mich wie ein Sohn ...«, schiebt er nach – und muss schmunzeln. »Sie haben doch nicht etwa geglaubt …?« So entspannt ging selten eine Medienrunde zu Ende.

*

Wie kann man über Beziehungen zwischen Christen sprechen? Sie sollen Brüder und Schwestern sein. Das klingt gut. »Seht doch, wie fein und schön ist es, wenn Brüder miteinander in Eintracht wohnen«, schwärmt der Psalmendichter. Stört es diese Idylle, dass die Angesprochenen bis auf Ausnahmen verheiratet waren? Wie verhält sich ein Leben in der Gruppe im Verhältnis zu einem Leben in Zweisamkeit? Kann eine größere Gemeinschaft Zweisamkeit ersetzen? Muss Zweisamkeit ein Leben in Gemeinschaft mit anderen stören?

»Wer sein ganzes Leben hingibt, kennt keine Ausweglosigkeit«, übersetzte ich etwas frei eine Überlegung Frère Rogers. Wer liebt, besitzt niemand. »Ich bin dein, du bist mein …« Die besitzanzeigenden Fürwörter stehen hier für etwas anderes: für die liebende Nähe zwischen zwei Partnern, in der Bibel zwischen Gott und seinem Volk. Eine Falle kann solche Hingabe nicht sein, kein Argument und schon gar keine Waffe. Die Hingabe rechtfertigt sich nicht und ist durch nichts zu rechtfertigen.

Man kann sich in Taizé, für einen Deutschen ungewohnt, bei jeder Gelegenheit nach französischem Brauch auf beide Wangen küssen. War das nun eine intime Berührung oder nicht?

Man konnte sich als junger Mann unbefangen an den jungen Frauen freuen, die dort anmutig selbstbewusst in der Runde saßen. Man konnte eine Nähe spüren, die ihre Tiefenschärfe aus der ehrlichen Suche nach dem Sinn des Lebens empfing – oder einen Abstand. Je gelöster man sich darauf einzulassen vermochte, denke ich heute, desto lebendiger haben die Beziehungen, die sich da knüpfen ließen, die Zeiten überstanden.

*

Stimmig war unter diesen Umständen, dass Frère Roger, was ihm von moralbetonten Katholiken wie Protestanten angekreidet wurde, zum Thema Sexualität, bis auf wenige vorsichtige Andeutungen, keine Stellung bezog. Das Wort kommt in seinen Texten nicht vor, er nahm es ebenso wenig in den Mund. Das war erstaunlich, verband sich doch für viele die Weitergabe des christlichen Glaubens mit strengen Auflagen auf diesem Gebiet – bedenkt man, welche Blüten die Beicht-Spiegel oder Bibeltraktätchen-Literatur in dieser Hinsicht trieben. Frère Roger setzte in seinen Überlegungen tiefer an, und zugleich freier. Er griff nicht in das Leben anderer ein – es könnte Einbildung sein, sollte jemand den Eindruck haben, er habe es getan.

*

In der Woche nach Ostern, Anfang der Neunzigerjahre, sind wie immer viele junge Deutsche in Taizé. Anderswo gibt es keine Osterferien mehr. Die Jugendlichen füllen die Kirche, auch am Donnerstagabend, an dem Frère Roger nach dem Stundengebet aus der Sakristei zurückkehrt und das Mikrofon ergreift. Er erzählt von den Festtagen und beschreibt dann, wie wichtig das Fest der Auferstehung für die Christen der Ostkirche ist. Die jungen Leute sitzen überall auf dem Boden und hören ruhig zu. Den meisten mag neu sein, was sie da erfahren, aber es scheint sie zu erreichen. Manche haben den Kopf auf die Knie gelegt. Übergangslos lädt Frère Roger ein, ihm Fragen zu stellen. Er möchte nicht an den Zuhörern vorbeireden.

Etwa zehn Meter von ihm entfernt sitzt ein junger Mann, der sich nicht zweimal bitten lässt. Ein Mikrofon wird ihm gereicht, damit ihn die knapp tausend Anwesenden verstehen können.

»Ich ...«, sagt er und setzt noch einmal an, »... ich bin, ich bin homosexuell.« Sein Gesicht entspannt sich nicht nach diesem Geständnis. Erwartungsvoll schaut er in Richtung Frère Roger. Das ist aber keine Frage gewesen, und der Prior hat keine Antwort. Er lässt sein Mikrofon sinken, sieht den jungen Mann unverwandt, aber nicht ohne Herzlichkeit an. Für Augenblicke ist es mucksmäuschenstill. Vielleicht erwarten manche ein Urteil, eine Ermutigung, eine Ermahnung, eine Offenbarung. Es kommt einfach nichts. Die Worte des jungen Mannes bleiben so stehen, und sind doch nicht ungehört verhallt.

*

Frère Roger konnte mit nichts alles sagen. Er sah Grenzen, die er nicht überschritt, schon gar nicht in der Öffentlichkeit. Er hatte Takt, konnte verschwiegen sein, zurückhaltend und rücksichtsvoll.

Es gibt Dinge, die niemand etwas angehen, die sind wie sie sind, auf die sich jeder allein besinnen muss, wo keiner für den anderen entscheiden kann. Vielleicht, dachte ich mir, war es für ihn bedeutsam, dass in den Evangelien nirgendwo ausdrücklich auf die Sexualität Jesu eingegangen wird. Ob sich um diese Tatsache herum asketische oder freizügige Fantasien ranken, bleibt sich im Letzten gleich. Es hat für das Wesentliche keine Bedeutung, sonst wäre es aufgeschrieben. Vielleicht hat da jemand mehr zu offenbaren, Frère Roger jedenfalls nicht.

Ich machte die seltene Erfahrung, dass Frère Rogers reine Anwesenheit die Frage nach der Sexualität überflüssig erscheinen ließ. Sie stellte sich einfach nicht. Wo die Frage des Geschlechts bis ins Unkenntliche zurücktritt, sind möglicherweise Seelenbeschauer aller Art alarmiert. Sei's drum. Eine Entspannung, die keine Entladung ist, das gibt es, das konnte man in der Begegnung mit Frère Roger erfahren.

*

Frère Roger erlebte beides, die geballte Weiblichkeit der sieben Schwestern in seiner Familie, die unterschiedlicher kaum sein konnten und denen er in gleicher Liebe zugetan war. Unter ihnen wuchs er als Nachzügler auf, sein einziger Bruder hat ihn offenbar weit weniger beeindruckt. Von ihm war selten die Rede. Die geballte Männlichkeit fand er in der Gemeinschaft vor, die er ins Leben gerufen hatte. Er verlockte dazu, sich ihr anzuschließen, aber mit einer Weite, in der man sich nicht verfangen konnte. So schloss er keine Neigung aus, auch bei anderen nicht. Er hätte es indes nie hingenommen, dass sich aufgrund von Anziehungskräften Seilschaften bilden, Abstufungen unter den Brüdern. Das Zusammenleben konnte sich nicht auf Vorlieben und Abneigungen stützen, die einschließen oder ausschließen.

Oft sagte er, Gott liebe jeden Menschen in einer Weise, als gäbe es keinen weiteren auf der Welt. Frère Rogers Präsenz war, wie ich sie erfuhr, ein aufrichtiger Zugang zu Jesus, der seinerseits die drei Jahre seines öffentlichen Wirkens unbefangen mit Frauen umging, samt einem Lieblingsjünger an der Brust, wenn man's so nimmt, wie's dasteht.

Prüde oder verschämt erschien mir Frère Roger nie. Er hatte eine zwanglose Art über den menschlichen Körper zu sprechen. »Nous n'avons pas de corps d'anges« – wir haben keine Engelskörper, habe seine Großmutter immer wieder einmal gesagt. Damit hatte es sein Bewenden. Am ehesten nahm er das Drollige, Narzisstische bei Menschen wahr, die sich allzu sehr mit ihrer Sexualität und ihrem Aussehen beschäftigten. Er hatte ein herbes Verhältnis zum Körper, vernachlässigte ihn aber auch nicht.

Er wird seine Gründe gehabt haben – oder es ist ihm vor Tausenden Zuhörern einfach herausgerutscht –, als er einmal zum Besten gab, er sei eines Morgens aus einem Mietshaus in der New Yorker Bronx getreten, in dem drei Brüder aus Taizé eine Wohnung besetzt hatten und das Leben der einfachen Menschen dort teilten. Da habe er erspäht, dass aus einem Abfallbehälter vor der Haustür Körperteile, menschliche Gliedmaßen, ragten. Die Mitbewohner im Block seien nicht zimperlich miteinander umgegangen. Nachts musste ein Mord passiert sein. Am Vorabend sei er in der Wohnung eines Mieters gewesen, mit dem sich die Brüder angefreundet hatten. »Der hatte Fotos an der Wand …«, deutete Frère Roger an, »… da musste ich so alt werden, um dergleichen zu sehen.«

*

Ich erlebte, dass Frère Roger einem bekannten Fernsehmoderator, der ihn bei einem Evangelischen Kirchentag interviewte, zum Schluss entwaffnend offen mit auf dem Weg gab:

»Oh, was haben Sie für ein schönes Gesicht!« Der fühlte sich geschmeichelt, war aber auf einmal sprachlos. Ein anderes Mal hinterbrachte ich ihm in Taizé, zwei Frauen hätten nach dem Gottesdienst davon geschwärmt, wie wohl geformt sein Hals sei. Ich dachte, das würde ihn halb erfreuen, halb erheitern. Stattdessen wurde er für seine Verhältnisse regelrecht böse. Zu solchen Erkundungen sei ein Gottesdienst nicht da.

In einer Tagebuch-Eintragung wiederum wunderte er sich selbst darüber, dass er bei Gesprächen unter vier Augen in der Kirche gar nicht wahrnahm, ob eine Frau vorteilhaft aussah oder nicht.

Er konnte es nicht ernst nehmen, wenn jemand selbstverliebt das Hemdchen hob, um sich von den anderen bewundern zu lassen. Es erschien ihm menschlich, in sich nicht schlimm. Ganz anders war es, wenn er spürte, dass sich jemand durch mangelndes Schamgefühl anderer verletzt fühlte. Da zeigte für ihn der Sex seine Fratze. Was an und für sich harmlos war, entsetzte ihn mit einem Mal, zum Beispiel eine Zeitungsanzeige mit freizügig Gekleideten. Es ging ihm auch da um den Menschen, der an seine Grenzen geriet. Niemand sollte in seiner Unschuld verletzt werden.

*

Vertrauen wollte Frère Roger säen, auch auf diesem verminten Feld. Er hat unzählige Menschen einfach nur an seine Schulter gedrückt oder an der Schulter berührt, als er nicht mehr die Kraft hatte, sie alle zu umarmen. Der Mensch war für ihn weit mehr als sein bestimmbares Geschlecht. Er sah vor allem sein Herz an.

*

Frère Roger brüstete sich nicht damit, einen anderen Menschen durchschaut zu haben. Gewalt über andere zu suchen, Abhängigkeiten auszukosten begann für ihn weit vor dem intimen Bereich der Sexualität.

Er entließ sein Gegenüber nicht aus der Verantwortung, versuchte aber auch nicht, ihn um den Preis eines Gemeinschaftsideals oder einer bevorzugten Beziehung um sein Eigenleben zu bringen. Er achtete darauf, dass in seiner Gegenwart keine verfänglichen Berührungen stattfanden.

Wäre er verheiratet gewesen – an seiner Leidenschaft, sich mitzuteilen, wäre die Ehe gewiss nicht gescheitert. Er wusste aber auch, dass mit Worten allein keine Beziehung zu bestreiten war. Er litt mit Kindern, die erlebten, dass ihre Eltern den gemeinsamen Weg aufgaben. Er habe aber auch, warf er ab und zu ein, Kinder kennengelernt, die die Scheidung ihrer Eltern auf ganz unterschiedliche Weise in ihr Leben hineinnahmen. Frère Roger spürte, dass man Beziehungen nicht mit ein paar gut gemeinten Regelungen steuern kann. Ratschläge zu verteilen, versagte er sich auch hier. Er erhob sich nicht über den Lebensweg der anderen. Es stand für ihn lediglich fest, dass niemand sein Glück auf dem Unglück anderer aufbauen kann.

Frère Roger war ein Begleiter, der umarmen konnte, ohne in Beschlag zu nehmen, ohne besitzen zu wollen. Liebe und Loslassen gingen für ihn zusammen.

Gott war für ihn die Liebe. Ihr blieb er treu, eingedenk seines Konfirmationsspruchs aus der Offenbarung des Johannes: »Sei treu bis in den Tod; dann werde ich dir den Kranz des Lebens geben.« Dies hat sich für ihn auf eine Weise eingelöst, die er sich selber nicht träumen ließ.

Vier Jahrzehnte vor seinem gewaltsamen Ende scheute er sich nicht, den Titel eines damals in Frankreich populären Films in einem Brief an die jungen Leute zu zitieren. Er datiert vom 30. August 1974, dem Tag der Eröffnung des Konzils der Jugend: »Mourir d'aimer« – »Aus Liebe sterben«. Im Kino ging es um die leidenschaftliche Liebe einer Lehrerin zu einem ihrer Schüler, die tragisch endet. Frère Roger sah in einem Leben, das nicht anders konnte, als aus Liebe in den Tod zu gehen, eine menschliche Antwort auf die Liebe eines Gottes, der eher mit ihr untergeht als sie aufzugeben. Mit solchen Überlegungen fand er den Weg in die Herzen Jugendlicher, die den verfassten Kirchen gegenüber bei diesem Thema längst vorsichtig geworden waren. Die ließen sich nichts mehr vormachen und vorschreiben. Ihm, der das ernst nahm, fühlten sie sich verbunden, wenn auch gewiss nicht alle genau sagen konnten, wodurch.

Zukunft

Todesstunde

Eine etwas über dreißigjährige Rumänin hatte Frère Roger auf ihre Weise ins Herz geschlossen. Doch es war ein ruheloses, getriebenes Herz, und es fand keine Ruhe bei Gott. Sie konnte nicht anders, als sich ein Messer zu besorgen und zwanghaft ihrem Irrsinn zu erliegen. Sie riss Frère Roger aus dem Leben, als er keinen Grund hatte, darum zu fürchten. Anders als Jahrzehnte zuvor, da er sich durch seine verdeckte Flüchtlingsarbeit den Nachstellungen der Gestapo und ihrer französischen Zuträger ausgesetzt hatte.

*

Ein Mann des Friedens stirbt nicht unweigerlich sanft und friedlich in seinem Bett. Bei Frère Roger konnte ich mir keine feierliche Sterbestunde vorstellen, bei der er blass, umgeben von seinen Vertrauten, auf sein Lager gebettet einschläft – vielleicht mit einem letzten bedeutungsschweren Wort auf den Lippen, das ehrfürchtig weitergeflüstert und schließlich wie unumstößlich eingemeißelt der Nachwelt als Vermächtnis überliefert wird.

Er war kein Anhänger von Gewalt und Erregung. Deshalb war es widersinnig, dass sie in einem entscheidenden Augenblick sein Leben maßgeblich bestimmten. Oft erzählte er, was seine Mutter sagte, wenn sie auf einen wütenden Schreihals stieß: »Der Arme, wie rot er angelaufen ist, wie schlimm, dass er so schreien muss, und niemand kann ihm helfen.« Das hatte er sich zu Herzen genommen. Laut wurde Frère Roger nie, und wenn seine Stimme einmal weiter tragen musste, begann er zu singen, fast zu jodeln, »Joho!« Es strengte nicht an und verletzte niemand.

Das passte ganz und gar nicht zu den spitzen Schreien der Täterin, die die Bluttat begleiteten. An jenem Abend im August 2005 zeigte sich, wie schnell das, was Frère Rogers Leben ausmachte, nach seinem Tod auf andere überging. Die mehreren Tausend auf dem Hügel waren erschüttert, aber nicht verzweifelt, es gab keine Massenhysterie. Stattdessen trat eine Ruhe ein, die mit jeder Stunde stiller und getragener wurde, bis um Mitternacht die Glocken in sie hineinzuschwingen begannen und zu einem Gebet noch einmal in die Kirche riefen. Eine Ruhe, der kein Fluch anhaftete, auch nicht an dem durch Polizei-Bänder abgeriegelten Tatort, wo wie in einem Kriminalfilm Spuren gesichert wurden.

*

Da war die Frau, die sich nach ihrer krankhaften Attacke seelenruhig in Gewahrsam hatte nehmen lassen, nicht mehr unter den Betenden. Ich musste dennoch an sie denken. Wie erginge es mir, wenn ich der Täter gewesen wäre …? Wie sollte ich damit leben, wenn mir bewusst würde, dass ich an einem harmlosen Ort einem alten wehrlosen Mann während eines friedlichen Gebets das Leben genommen hätte? Könnte ich jemals noch einmal in einen Spiegel lächeln? Würde es mich trösten zu erfahren, dass Frère Roger bei meinen Stichen wohl keinen Schmerz verspürt habe, weil Schmerzen bei Stichwunden mit Verzögerung eintreten und er sogleich ohne Bewusstsein war? Hätte es mich erleichtert zu hören, dass er mit ergebenem Ausdruck und nicht mit verzerrtem Gesicht auf dem Totenbett lag?

Welche Beweggründe hatte die junge Frau? Wollte sie – eine ihrer zahlreichen, einander häufig widersprechenden Aussagen – »das

Böse treffen und ausschalten«? Oder meinte sie, die um jeden Preis Nonne werden wollte und im Dom ihrer Heimatstadt kaum eine Messe versäumte, auf diesem Weg ihr Ziel, die Liebe ihres Lebens, zu erreichen? Es blieb ungeklärt. Drei Jahre nach dem Vorfall wurde sie mangels Schuldfähigkeit freigesprochen und kam in Sicherheitsverwahrung. Sie wurde in die forensische Psychiatrie eingewiesen, ausgerechnet in einem ehemaligen Kartäuser-Kloster, wo das mönchische Leben während der Französischen Revolution ein jähes Ende gefunden hatte. Dort wurden ihr später von einer Mitinhaftierten siebzehn Messerstiche zugefügt.

Sie stand zur Tatzeit weder unter Alkohol- noch unter Drogeneinfluss und war bislang nicht mit Gewaltdelikten aufgefallen. Es könnte eine Beziehungstat gewesen sein, in der wahnhaften Vorstellung, dass Frère Roger, der zunächst als Vorbild im Glauben erscheint, plötzlich als ein Übel wahrgenommen wird, das es zu beseitigen gilt. Dazu kann es durch religiöse Erfahrungen oder Verletzungen kommen. Ein Druck baut sich auf, von dem sich manche nur durch eine Gewalttat befreien können.

*

Was aber ist an jenem Dienstagabend im August eigentlich geschehen? Wie hängt der Vorfall mit dem Lebensweg Frère Rogers zusammen? Die nächstliegende Antwort ist eine ganz einfache. Der erste Bruder von Taizé starb als Märtyrer der Gastfreundschaft.

Jahrzehnte hindurch rückte er immer näher an die Gäste heran. Als die Kirche der Versöhnung für die gemeinsamen Gebete in Gebrauch genommen wurde, saß er mit den Brüdern zunächst in einem Betonviereck. Das wurde wenige Jahre später in harter Arbeit herausgebrochen. Bald umgrenzte nur noch ein einfaches Seil die Plätze der Brüder, danach ausgelegte Buchsbaumzweige, die schließlich wie eine kurze Hecke in Blumenkästen gesteckt wurden. Die Öffnung war gewollt, sie war für Frère Roger eine Frage der Gastlichkeit. Es gab Zeiten, in denen er vorn an der Seite Platz nahm. Später zog es ihn immer weiter nach hinten. Er verlängerte das Feld, in dem die Brüder fast alle auf dem Boden saßen, bis in den hinteren Teil der Steinkirche und dann in die Vorbauten hinein. Die Buchsbaumhecke verbarg nichts, sie ließ Ausstrahlung zu, Blickfreiheit auf die Brüder im Gebet. Wer ausstrahlt, setzt sich anderen aus. War das Risiko zu groß, war das Vertrauen naiv?

*

Taizé hat durch den Mord an seinem Gründer keinen Sprung bekommen. Über Frère Rogers Grab, das manche aufsuchen, die der Betriebsamkeit auf dem Hügel für einen Moment entfliehen möchten, liegt die Ruhe, die eh und je auf dem Dorffriedhof herrschte. Wer sie sucht, kann für einige Augenblicke auch in die kleine romanische Kirche verschwinden. Sie ist von der Stille der Beter durchdrungen, die dort über Jahrhunderte Gott gesucht haben, wie eben auch Frère Roger. Wie er kann man darin die Kraft finden, im Alltag ein Mensch zu sein. Einer, der viele miteinander verbindet, selbst wenn und gerade weil er dabei auch immer wieder an sich selbst und an anderen scheitern mag.

Das Grab Frère Rogers ist durch ein einfaches Holzkreuz bezeichnet, wie das aller, die in seiner Gemeinschaft gestorben sind und auf dem Dorffriedhof liegen. Es ist ständig mit Blumen geschmückt, Ausdruck liebender, lebendiger Verbundenheit. Dank ohne jede Übertreibung, ganz natürlich, mit einer kleinen Kerze oder auch einem besonderen kleinen Stein. Sonst keine Fundsachen, kein Strandgut der Erinnerung, keine Opfergaben, kein Zierat, mit dem sich jemand von einer empfundenen Schuld am Verstorbenen loskaufen will. Es strahlt den Frieden aus, den Frère Roger jedem wünschte, und ohne den, wie er zu betonen nicht müde wurde, niemand aus der Unruhe seines Herzens heraus etwas Schöpferisches zustande bringen kann.

*

In der Unfallchirurgie des Krankenhauses, in dem ich neben der Arbeit in einer Justizvollzugsanstalt tätig bin, sitze ich am Bett einer Frau aus Osteuropa. Über ihr Kinn läuft eine Schnittwunde, eine weitere klafft am Hals, eine dritte am Brustansatz. Sie ist nachts im Schlafzimmer überfallen worden, während ihr Sohn im Wohnzimmer einen Fernsehfilm verfolgte. Auf dem Bettrand kauernd wiederholt sie immer wieder: Beten, beten, beten. Sie kommt mir vor wie eine Schwester Frère Rogers. All das Materielle, sagt die Frau und richtet sich auf, auch das, was die Einbrecher mitgenommen haben, das ist alles nicht wichtig. Es zählt nur Gott. Für ihn da zu sein, an ihm festzuhalten, mehr braucht kein Mensch zum Leben. Sie hat den Schlüssel zur Einfachheit und zum Frieden gefunden, denke ich bei mir.

Es ist müßig, sich zu fragen, wie Frère Roger den Rest seines Lebens zugebracht hätte, wäre nicht alles anders gekommen. Hätte die Gewalttat, wenn er sie damals überlebt hätte, ihn nicht ebenso in den letzten Winkel seines Herzens getrieben wie diese Frau?

Es kam nicht so. Die Tat war die äußerste Enteignung, die ihm als Menschen widerfahren ist. Er, der nie etwas für sich behalten wollte, auch nicht seine Gründung, gehörte sich selber nicht mehr. Es blieb die Wärme, für die er sich verzehrte.

Blickrichtung

Dieses Buch ist ein persönliches. Es zeigte sich mir in Taizé keine Institution, keine Strategie, keine Regel – sie können keine Wärme verbreiten. In Taizé zeigte sich mir ein Mensch. Ein Mensch, das war es. Einen so kühnen und bescheidenen zugleich habe ich sonst in der Kirche nirgendwo erlebt. Es gibt gewiss andere, von denen man dasselbe sagen kann, darum geht es nicht. Bei mir war es eben Frère Roger.

Nachdem das Buch geschrieben ist, ergeht es mir freilich wie am Ende mancher Bibeleinführung, die ich gebe. Ich spiele mit dem Gedanken, um Verzeihung bitten zu müssen. Es kommt mir so vor, als hätte ich mit klobigen Worten, auf grobe Weise etwas unendlich Zerbrechliches, fein Gebildetes besprochen. Oder, anders gesagt, als hätte ich das schwere Tuch Frère Rogers zu fadenscheinigem Zellstoff gesponnen. Vielleicht eine übertriebene Vorstellung. Keiner kann aus seiner Haut.

*

Der Blick, den ich auf Frère Roger geworfen habe, beschränkt sich weitgehend auf sein Verhältnis zum deutschsprachigen Raum. Manchen Leserinnen und Lesern wird bei diesen Erinnerungen an Frère Roger freilich etwas ganz anderes fehlen. Sie werden sich fragen, ob sich außer ihnen niemand je über ihn geärgert hat. Sie könnten vorbringen, die abträglichen Seiten Frère Rogers seien in diesen Erinnerungen übergangen worden. Sie mögen sich fragen, ob man Frère Roger nicht verfallen sein musste, um so zu schreiben.

Gerade weil ein Mensch wie Frère Roger andere mitten ins Herz traf, konnte er durch seine bloße Anwesenheit eine Herausforderung sein, einfach dadurch, dass es ihn gab. Es blieb ihm nicht erspart, damit ein Gegenüber innerlich tief zu verletzen. Er hat weiß Gott versucht, dies zu vermeiden. Es gelang ihm nicht. Ich kenne Menschen, die das eine oder andere nicht verwinden können, was sie mit oder an Frère Roger erfahren haben.

Für meinen Teil möchte ich Frère Roger nicht anders sehen, als er mich gesehen hat. Und ich möchte in ihm nichts anderes sehen, als er in mir gesehen hat. Er hat nie über mich schlecht geredet, warum sollte ich es anders halten? Vor allem soll dieses Buch in keiner Weise den frischen, unverbrauchten Blick trüben, den junge Leute, wie wir vor über einer Generation, jedes Jahr auf Taizé und seinen Gründer werfen. Sie, die Nachkommenden, stehen heute auf dem Prüfstand, und mehr als gute Ratschläge suchen sie ein gutes Herz.

Was sie bei Frère Roger finden können, lässt sich erstaunlich einfach zusammenfassen. Er verbannte aus seinem Leben jede zweideutige Rede über Gott. Für ihn stand fest: Gott ist die Liebe. Also kann er nichts anderes als lieben. Was nicht zur Liebe gehört, ist ihm fremd, bleibt für ihn ungehörig. Die Versuchung zur

Zweideutigkeit, die den Menschen überkommen kann, auf Gott zu übertragen, hielt Frère Roger für die äußerste Ketzerei. Das eindeutige *Ja* zur Liebe ließ er sich nicht ausreden. Wo es augenzwinkernd oder mit erhobenem Zeigefinger eingeschränkt werden sollte, war mit ihm keine gemeinsame Sache zu machen. Er hielt das für die Sünde wider den Geist, für geradezu geistesgestört, zumindest unverfroren.

Gott hat sich, das war für Frère Roger entscheidend, an das Leben der Menschen gebunden. Dies war für ihn nicht einmal davon abhängig, ob es sich der Einzelne vor Augen führen, ob er daran glauben kann oder nicht. Dass Christen diese Liebe verkünden, sie aber nicht als die unwiderrufliche Gabe Gottes an alle Menschen erkennen, die als einzige deren angeborenes Verlangen stillt, machte ihn ratlos und traurig. Nicht: »Was kannst du, was glaubst du, was hast du erreicht, wo bist du gescheitert?«, sondern: »Liebst du mich?« Das war die Frage, die Frère Roger von Gott hörte. Die Frage nach der Liebe, der nichts vorzuziehen ist, weil nichts anderes sie übertreffen kann.

Was Wunder, dass er damit die Herzen erreichte. Er nahm dafür in Kauf, dass manchem sein Denken unabgeschlossen und sein Glaube wirklichkeitsfern erschienen. Wer liebt, denkt nicht zu Ende, er verzeiht, manchmal wider jede Vernunft, weil er nicht anders kann. Alles andere ging für ihn an der Wirklichkeit vorbei, war nicht von ihr gedeckt. Die Wirklichkeit ist Christus, wie Paulus schreibt. Sie war für Frère Roger unbedingt. Deshalb war er schlicht außerstande, Strafen zu verhängen oder zu erdulden. Die Annahme, Gott könne strafen, um zu bestehen, war in seinen Augen lieblos. Dass er sie als reine Unterstellung wertete, reizte hie und da zu heiligem Zorn. Den ließ er seelenruhig über sich ergehen und bezog die Menschen umso glaubwürdiger in seine Sicht der Liebe Gottes ein. Unzählige erfuhren seine herzliche Güte schon in jungen Jahren. Jeder und jedem steht es frei, sie weiterzugeben und auf eigene Weise, mit Frère Roger im Herzen, etwas von ihr in eine andere Zeit hineinzutragen.

Rückenwind

Damit wäre das Buch zu Ende, wenn nicht, ja, wenn es in Rom nicht einen Bischof gäbe, der einen unwillkürlich an Frère Roger denken lässt. Es gibt keinen Hinweis, dass sich Jorge Mario Bergoglio, der heutige Papst Franziskus, und Frère Roger je getroffen haben. Und es gibt keinen Grund, den einen auf den anderen festzulegen. Aber man kann oft schwer auseinanderhalten, was man über beide liest und hört:

Einer, der auf den einzelnen Menschen schaut, der die Kirche auch unpoliert liebt, das Katholische nicht als Kampfbegriff durchgehen lässt. Jemand, der sich tief vor anderen verneigen, ja sich unter sie beugen kann, bescheiden und ernsthaft, im Wissen, dass die Autorität gerade darin besteht, auf andere zuzugehen. Der Klein- und Mittelklassewagen dazu verwendet, einen Wert des Evangeliums aufzuzeigen, ohne anderen dasselbe Zeichen aufzudrängen. Der sich um Flüchtlinge kümmert. Der den Weg der Kirche »in das Licht der Lehre der Schrift« stellen will. Der vermeintliche Patentlösungen ablehnt, etwas offenlassen kann. Der, statt nur andere zu segnen, auch sich segnen lässt.

Von wem lässt sich behaupten: Er ist wie ein Rechner mit einer einfachen, benutzerfreundlichen Oberfläche und einem hoch ausgebildeten Innenleben. Oder: Er macht ein ernstes Gesicht, auf dem sich plötzlich ein Lächeln zeigt. Er ist spontan und hat sich dennoch im Griff. Er wiederholt sich oft und überrascht doch immer wieder. Er redet viel und kann dennoch gut zuhören. Er ist am liebsten zu Hause und unternimmt doch die eine oder andere Reise. Er liebt die Kirche und erwartet deshalb viel von ihr. Er will Veränderungen ohne Brüche herbeiführen. Er will weder nur bewahren noch nur nach vorne drängen. Er sagt nur, was er selber lebt. Er ist unberechenbar.

Und wer könnte seinen Zuhörern mitgegeben haben, dass sie alle tief im Innern nichts anderes erwarten und suchen als die Zärtlichkeit, den Blick voller Liebe, mit dem Gott sie ansieht, auch in ihrer Bedrängnis und Not. Dass sie vor der Frage stehen, wie sie diese Zärtlichkeit in sich einlassen, wie sie sich von Gott finden lassen können. Und dass sie mit dieser Zärtlichkeit Menschen in schwierigen Lagen mittragen können, anstatt sie lediglich abzufertigen.

Jorge Mario Bergoglio hat als Papst Franziskus ein Mandat, Frère Roger wollte nie eines haben.

Wer glaubt, dass Gott die Liebe ist, kommt mit und ohne Amt und Würden aus. Jesus Christus hatte nur einen Dienst zu vergeben, keinen anderen Auftrag als den, gedeihlich mit den Menschen umzugehen, die letztlich er betreut, die er die Seinen nennt. »Liebst du mich?«, fragt Jesus den Jünger. »Du weißt, dass ich dich liebe«, antwortet er. Woher der Rückenwind solchen Geistes gerade weht, ob aus einem unscheinbaren Dorf oder einer Ewigen Stadt, ist zweitrangig. Dass jede Zeit Menschen hat, die ihn freisetzen, darauf kommt es an.

Anstifter

Ein Septemberabend, fast zwei Jahrzehnte nach Frère Rogers Tod. Der Petersplatz zwischen den Kolonaden ist im Verhältnis zu sonst weitgehend leer. Nur ganz vorn sitzen ein paar Tausend dicht beisammen. Vor der Fassade des Vatikans stehen das Kreuz aus Assisi und das Marienbild *Salus Populi Romani* aus Santa Maria Maggiore, Ikonen, vor denen seit Jahrhunderten die Ungenannten der Kirchengeschichte beten.

Die Menge ist bunt gemischt, es sticht keine Gruppierung hervor. Franziskus sitzt auf der erhöhten Plattform vor den Gebäuden im Rollstuhl, neben ihm Frauen und Männer christlicher Kirchen aller Erdteile. Sie lesen aus der Bibel, sprechen kurze Gebete, der Papst sagt ein paar Worte zur Bedeutung der Stille für Glaubende auf dem Weg. Am Schluss spenden er und die Menschen um ihn herum der Menge gemeinsam den Segen.

Alle schweigen. Minutenlang lässt sich Ruhe ablesen auf ihren Gesichtern, an ihrer Körperhaltung. Die Stille ist das Herz der Feier, bei der vielsprachige, lange wiederholte Liedzeilen erklingen. Eine Liturgie wie ein Rosenkranzgebet, nur vieltöniger.

Wenn man die Augen schließt, wähnt man sich in einer der täglichen Gebetsstunden in Taizé. Hier, vor dem Petersdom, wird die äußere Form zum Teil übernommen. Die Art des meditativen Singens und Betens, die seit den 70er-Jahren in jenem kleinen Ort in Burgund gepflegt wird, ist zum Gebet der Kirche geworden. Ein Gebet wie die Kirche selbst, zu dem jede, jeder gern dazukommt, schlicht und doch tiefgehend.

Mehr braucht die Gemeinschaft der Christen nicht, um als geeinte, den Menschen zu Herzen gehende Versammlung für alle da zu sein. Die Form des Miteinanders ist durchdringend. Das sorgt anderntags durchaus nicht für Schlagzeilen, in einer Kirche und einer Welt, die in schwere Wasser geraten sind. Aber es verfehlt seine Wirkung für den einzelnen Menschen und für alle, die hier zusammen sind, nicht.

Frère Roger hat dazu angestiftet. Die jungen Leute, die Taizé einst ungeduldig überschwemmten, weckten sein Gespür für ihre Erwartungen und seine Zuneigung zu ihnen. Zum Befremden mancher Gefährten und Ungemach erstarrter Kirchenaufseher setzte er daraufhin die unscheinbare Art gemeinsamen Betens durch, behutsam, unaufhaltsam, ohne sich etwas abhandeln zu lassen.

Von Frère Roger ist nicht die Rede an jenem Abend. Aber das, was er ins Leben rief, ist präsent. Wer bis heute die Kirche so liebevoll belebt, hat keinen Namen zu verlieren unter all den Ungenannten in ihrer Geschichte.

Danke, Frère Roger. Die Zeit ist nicht über dich hinweggegangen, deine Zeit ist im Kommen.

Frère Rogers Lebensweg

Frère Roger wurde 1915 im Dorf Provence als Sohn eines evangelischen Pfarrers geboren und verbrachte seine Kindheit und Jugend im Schweizer Jura. Beim Ausbruch des Zweiten Weltkriegs fand er nach einiger Suche im burgundischen Dorf Taizé, nördlich von Cluny, einen Ort, an dem er zurückgezogen beten und verfolgten Menschen Gutes tun konnte. Nachdem der Krieg für Frankreich zu Ende war, konnte er dort nach und nach eine Gemeinschaft ins Leben rufen, die aus seinem Bekanntenkreis während der Jahre seines Theologiestudiums hervorging. Er gab ihr eine dauerhafte Gestalt und inspirierte sie zu einem Leben in Gebet, Arbeit und Gastfreundschaft. Sie stand Christen aller Kirchen offen, die sich auf dieses Leben einließen. Taizé wurde von einem unbekannten Ort zum Anziehungspunkt für Millionen von Menschen, die Besinnung und Gemeinschaft suchen. Zu den Begegnungsmöglichkeiten in Taizé traten Begegnungen in den Ortskirchen fast aller Länder der Erde. Frère Roger starb 2005 durch ein Attentat in der von ihm gebauten Kirche der Versöhnung von Taizé.

Frère Rogers Bücher

Die allerersten gedruckten Texte Frère Rogers sind nicht oder nur in Auszügen auf Deutsch veröffentlicht. Sie muten wie eine Kreuzung protestantischer Erweckungsprosa mit monastischem Regelwerk an.

Sein erstes Buch war *Die Regel von Taizé*. Es erlebte eine zweistellige Zahl von veränderten Auflagen, ein beredtes Zeugnis für die Beweglichkeit, mit der Frère Roger seinen Weg umschrieb. Die letzte Ausgabe zu seinen Lebzeiten war ein schmales Bändchen, das sich *Die Quellen von Taizé* nannte.

Die Quellen von Taizé – Gott will, dass wir glücklich sind
Herder Verlag, Freiburg, 2024

Daneben erschienen zunächst thematisch angelegte Bücher mit programmatisch gewählten Titeln: *Das Heute Gottes, Einheit und Zukunft, Dynamik des Vorläufigen, Einmütigkeit im Pluralismus, Die Gewalt der Friedfertigen*.

Anschließend veröffentlichte Frère Roger seine Erfahrungen und Überlegungen in Tagebuchaufzeichnungen mit kurzen Essays, die in die Geschichte der Spiritualität des 20. Jahrhunderts eingegangen sind: *Ein Fest ohne Ende, Kampf und Kontemplation, Aufbruch ins Ungeahnte, Einer Liebe Staunen, Blühen wird deine Wüste, Vertrauen wie Feuer*.

In den letzten Lebensjahren stellte er Sammlungen von kurzen Texten zusammen: *In allem ein innerer Friede, Gott kann nur lieben, Eine Ahnung von Glück* – sowie eine Sammlung von Gebeten: *Aus der Stille des Herzens – Gebete*
Herder Verlag, Freiburg, 2022

*

Eine autorisierte, mehrmals aktualisierte Biografie Frère Rogers schrieb die englische Autorin Katryn Spink.
Frère Roger, Gründer von Taizé – Leben für die Versöhnung.
Die Geschichte der Communauté von Taizé und ihres Gründers.
Herder Verlag, Freiburg, 2013

In seiner Biografie verarbeitet der französische Journalist und Historiker Yves Chiron viele unveröffentlichte Quellentexte, insbesondere über die Beziehungen Frère Rogers zu den verschiedenen Kirchen.
Frère Roger – Gründer von Taizé. Eine Biografie.
Verlag Friedrich Pustet, Regensburg

Bildnachweis

Zu bedanken habe ich mich bei Stefan Wiesner, ohne den dieses Buch nicht zustande gekommen wäre, bei Jörg Hildebrandt, dessen Kenntnisse dem Buch überaus zugute kamen, sowie bei Steffi, Maria, Christiane und Beatrix.

Über den Autor

Klaus Hamburger, Jahrgang 1953, studierte Theologie in Lyon und Straßburg, war Seelsorger in einem Krankenhaus und in einer Justizvollzugsanstalt und arbeitet als Übersetzer und Publizist. Über 30 Jahre lebte er als Frère Wolfgang in Taizé, übersetzte die Texte von Frère Roger, war für die Publikationen der Gemeinschaft mitverantwortlich, half die Deutsch sprechenden Gäste zu betreuen und mit ihnen die »Nächte der Lichter« an ihren Heimatorten vorzubereiten.

Ein Geigenbauer schreibt über die Geheimnisse des Glaubens

»Wie jedes Instrument, so hat auch unser inneres Leben – das Herz – seinen eigenen, unverwechselbaren Klang. Viel mehr als durch unsere Überzeugungen erlauben wir durch unsere Liebe, was in uns auf Resonanz stoßen kann.«   Martin Schleske

Martin Schleskes Instrumente werden von weltweit konzertierenden Musikern gespielt. In den Texten des Geigenbauers geht es um die Freude an einem intensiv erlebten Glauben, um Resonanzerfahrungen mit dem Geheimnis Gottes!

Martin Schleske

Werk|Zeuge

Hardcover mit Schutzumschlag
Dünndruckpapier · 2 Lesebändchen
656 Seiten inkl. 16 Seiten farbiger Bildteil
ISBN 978-3-96340-240-1
€ [D] 29,– · € [A] 29,90

Besuchen Sie uns im Internet:
www.bene-verlag.de

Aktualisierte Neuausgabe September 2024
© 2024 bene! Verlag
Ein Imprint der Verlagsgruppe
Droemer Knaur GmbH & Co. KG, München
Alle Rechte vorbehalten. Das Werk darf – auch teilweise –
nur mit Genehmigung des Verlags wiedergegeben werden.
Die Nutzung unserer Werke für Text- und Data-Mining
im Sinne von § 44b UrhG behalten wir uns explizit vor.
Lektorat: Stefan Wiesner
Covergestaltung: Maike Michel
Coverabbildung: picture-alliance / Godong | Pascal Deloche / Godong
picture-alliance / epd / Thomas Lohnes
Satz und Layout: Maike Michel
Druck und Bindung: GGP Media GmbH, Pößneck
ISBN 978-3-96340-312-5

5 4 3 2 1